HERNANDES DIAS LOPES
ARIVAL DIAS CASIMIRO

DÍZIMOS e OFERTAS *são para hoje?*

Princípios bíblicos sobre o privilégio de entregar o dízimo e as ofertas

© 2017 por Hernandes Dias Lopes
& Arival Dias Casimiro

1ª edição: maio de 2017
2ª reimpressão: novembro de 2023

REVISÃO
Josemar de Souza Pinto
Raquel Fleischner

CAPA
Maquinaria Studio

DIAGRAMAÇÃO
Felipe Marques

EDITOR
Aldo Menezes

COORDENADOR DE PRODUÇÃO
Mauro Terrengui

IMPRESSÃO E ACABAMENTO
Imprensa da Fé

As opiniões, as interpretações e os conceitos emitidos nesta obra são de responsabilidade dos autores e não refletem necessariamente o ponto de vista da Hagnos.

Todos os dirAdobe Garamond Proeitos desta edição reservados à
EDITORA HAGNOS LTDA.
Rua Geraldo Flausino Gomes, 42, conj. 41
CEP 04575-060 — São Paulo, SP
Tel.: (11) 5990-3308

E-mail: hagnos@hagnos.com.br
Home page: www.hagnos.com.br

Editora associada à:

Dados Internacionais de Catalogação na Publicação (CIP)
(Angélica Ilacqua CRB-8/7057)

Lopes, Hernandes Dias

Dízimos e ofertas são para hoje? / Hernandes Dias Lopes & Arival Dias Casimiro. — São Paulo : Hagnos, 2017.

ISBN 978-85-243-0529-0

1. Dízimos   2. Contribuição cristã - Doutrina bíblica   3. Dinheiro   4. Igreja – Finanças   5. Deus   6. Palavra de Deus (Teologia cristã)   I. Título   II. Casimiro, Arival Dias.

17-0351   CDD 248:6

Índices para catálogo sistemático:
1. Dízimos : Contribuição cristã

Sumário

Prefácio 5

Introdução 7

1. Os desvios da igreja contemporânea acerca dos dízimos e ofertas 11
2. Por que devemos ser fiéis a Deus nos dízimos? 29
3. A restauração espiritual e sua relação com os dízimos 65
4. A graciosa doutrina da mordomia 77
5. Princípios bíblicos para ofertas específicas 87
6. Jesus e os falsos líderes religiosos 101

Dedicamos esta obra ao casal José Hintze Júnior e Vera Stival Hintze, da Igreja Presbiteriana de Pinheiros, São Paulo. Eles são irmãos amados, amigos preciosos, servos do Altíssimo. Eles simbolizam o lema da igreja: dizimistas fiéis e ofertantes generosos.

Prefácio

O ASSUNTO QUE VAMOS TRATAR é polêmico; disso estamos certos. Aqueles que nunca passaram por uma experiência de novo nascimento terão sérias dificuldades de entendê-lo e, sobretudo, de praticá-lo. Aqueles que leem as Escrituras, mas ainda estão apegados aos bens materiais encontrarão muitas desculpas para não pô-lo em prática. Aqueles que são discipulados pelos opositores dos dízimos e ofertas resistem fortemente a esse ensino. Porém, aqueles que desfrutam desse privilégio sentem grande regozijo nessa prática e são testemunhas da bênção do Altíssimo em sua vida.

Hoje a doutrina dos dízimos e ofertas é combatida de forma ostensiva nas cátedras, nos púlpitos, na imprensa e nas redes sociais. Teses de doutorado são escritas para combater essa doutrina praticada desde os patriarcas. Pregadores, do alto de sua pretensa sapiência, taxam de equivocados ou enganadores aqueles que subscrevem esse ensino bíblico. Livres-pensadores, afoitos e açodados, erguem sua voz para desferir golpes impiedosos contra aqueles que tratam dessa matéria.

Nosso propósito, entretanto, em escrever esse despretensioso trabalho não é produzir polêmica. Queremos, sim, esclarecer aqueles que, de bom grado, são servos de Deus e se colocam debaixo da autoridade das Escrituras. Queremos, outrossim, contribuir para a edificação da igreja, fortalecendo a convicção daqueles que já têm a experiência da bondade e da fidelidade de Deus, na entrega dos dízimos e ofertas.

A entrega dos dízimos e ofertas tem sido uma espécie de termômetro espiritual na vida da igreja ao longo dos séculos. Sempre que o povo da aliança se desviava de Deus, a primeira coisa que negligenciava era a entrega dos dízimos e ofertas. Por outro lado, sempre que houve um reavivamento espiritual, houve também um grande entusiasmo e uma profunda alegria do povo de Deus na entrega dos dízimos e ofertas (2Crônicas 31:2-12; Neemias 13:10-14).

Tenho o privilégio de servir a Deus desde a minha infância. Pela graça de Deus nasci num lar cristão. Professei minha fé em Cristo na adolescência. Fui eleito diácono da Igreja Presbiteriana do Brasil no começo de minha juventude. Em seguida, fui chamado para o ministério da Palavra, e não hesitei em deixar tudo e seguir para o Seminário Presbiteriano do Sul, em Campinas, onde me preparei para o sagrado ministério da Palavra, nos idos de 1978-1981. Sou pastor há 35 anos e tenho grande alegria em ser dizimista e ofertante. Tenho grande alegria em ver o contentamento espiritual daqueles que são fiéis a Deus na entrega dos dízimos e das ofertas. Tenho grande alegria em ver o avanço da igreja, enviando missionários, plantando igrejas e cuidando dos necessitados, como resultado da fidelidade do povo de Deus nos dízimos e ofertas. Minha ardente oração é que você que já é dizimista tenha plena alegria em ser fiel a Deus na entrega dos dízimos, e você que ainda não tem essa experiência possa fazer prova de Deus e começar a experimentar essa grande bênção espiritual.

Hernandes Dias Lopes

Introdução

O DINHEIRO EXERCE UM grande fascínio sobre o homem. A palavra de Deus trata desse assunto sem rodeios. Jesus falou mais sobre dinheiro do que sobre o céu. Mostrou que o dinheiro é mais do que uma moeda; é um ídolo. Jesus deu nome ao dinheiro: Mamom. No altar de Mamom muitos vivem e morrem, matam e mandam matar, casam e descasam, corrompem e são corrompidos. A única entidade que Jesus chama de "senhor" neste mundo é a riqueza. Disse ele: *Ninguém pode servir a dois senhores; porque ou há de aborrecer-se de um e amar ao outro, ou se devotará a um e desprezará ao outro. Não podeis servir a Deus e às riquezas* (Mateus 6:24). Na parábola do semeador, Jesus alertou sobre o perigo da fascinação da riqueza, que sufoca a semente da palavra de Deus no coração (Marcos 4:19).

A riqueza em si pode ser uma grande bênção. Homens piedosos como Jó, Abraão, Isaque, Jacó, Ezequias, Davi, Salomão foram ricos. Davi diz ao Senhor: *Riquezas e glória vêm de ti* (1Crônicas 29:12). O salmista afirma que na casa do justo há prosperidade e riqueza (Salmos 112:3). Salomão ensinou que *a bênção do* SENHOR *enriquece, e, com ela, ele não traz desgosto* (Provérbios 10:22). Moisés exortou o povo de Israel, dizendo: *Antes, te lembrarás do* SENHOR*, teu Deus, porque é ele o que te dá força para adquirires riquezas* (Deuteronômio 8:18).

O dinheiro é um bom servo, mas um péssimo patrão. O dinheiro é o maior senhor de escravos do mundo. Exige atenção exclusiva e dedicação integral. Aqueles que servem ao dinheiro tornam-se capacho dele e são atormentados com muitos flagelos.

O dinheiro é um embusteiro. Promete felicidade, mas não é capaz de preencher o vazio da alma. As pessoas que mais se matam não são os pobres, mas os ricos, que chegaram ao topo da pirâmide social e descobriram que a felicidade não estava lá. O apóstolo Paulo diz: *Ora, os que querem ficar ricos caem em tentação, e cilada, e em muitas concupiscências insensatas e perniciosas, as quais afogam os homens na ruína e perdição. Porque o amor do dinheiro é raiz de todos os males; e alguns, nessa cobiça, se desviaram da fé e a si mesmos se atormentam com muitas dores* (1Timóteo 6:9,10).

O dinheiro promete segurança, mas não pode livrar o homem da morte. Jesus contou uma parábola sobre os perigos da avareza. O homem rico disse à sua alma: *... tens em depósito muitos bens para muitos anos; descansa, come, bebe e regala-te* (Lucas 12:19) Mas Deus disse a esse homem rico que pensava estar seguro por ter em seus celeiros abundante provisão: *Louco, esta noite te pedirão a tua alma; e o que tens preparado, para quem será?* (Lucas 12:20).

O dinheiro pode nos dar muita coisa, mas não pode nos dar as coisas mais importantes da vida. Pode nos dar uma casa, mas não um lar. Pode nos dar vestes caras, mas não um corpo perfeito. Pode nos dar remédios, mas não saúde. Pode nos dar prazeres, mas não paz interior. Pode nos dar aventuras, mas não um cônjuge fiel. Pode nos dar bajuladores, mas não amigos leais. Pode nos dar requinte, mas não alegria de viver. Pode nos dar comida saborosa, mas não apetite. Pode nos dar um rico funeral, mas não a vida eterna.

É claro que o dinheiro em si é neutro. O problema não é ter dinheiro, mas o dinheiro nos ter. O problema não é a riqueza, mas a riqueza sem Deus. O problema não é guardar dinheiro no banco, mas entronizá-lo no coração.

Por causa da inversão de valores do mundo, as pessoas são avaliadas pelo que têm, e não por quem são. São prestigiadas por quanto dinheiro possuem, e não pelo caráter que ostentam. Por isso, adquirir riquezas tornou-se o vetor que move a maioria das pessoas, mesmo quando elas usam expedientes escusos e subterrâneos. O avarento quer sempre mais. A ganância é insaciável. Os ricos querem ficar mais ricos. Os poderosos querem ajuntar tudo para si, para o seu próprio deleite.

Nesse ambiente, marcado pela busca insaciável da riqueza, a corrupção tornou-se endêmica e sistêmica. Os escândalos financeiros aparecem todos os dias. Os rombos nos cofres públicos tornam-se astronômicos. Empresários e políticos surrupiam o erário público, sem nenhum pudor, para auferirem vantagens financeiras. Os escândalos financeiros estão presentes até mesmo entre os líderes religiosos.

Nesse ambiente materialista e mercantilista, os valores morais ficam de ponta-cabeça. Os homens se esquecem de Deus, amam as coisas e usam as pessoas. Não entendem que tudo pertence a Deus. Julgam-se donos, e não mordomos dos bens de Deus. Nesse contexto de apego às coisas materiais, falar em dízimos e ofertas provoca um reboliço na alma humana. Esse tipo de mensagem causa urticária em muita gente e desgosta muitas outras. Esse ensino não é palatável. Mexer no bolso do homem é tocar na área mais sensível de sua vida, porque o bolso é onde mora o seu coração. Foi Jesus quem afirmou: *Porque, onde está o teu tesouro, aí estará também o teu coração* (Mateus 6:21).

É nesse cenário hostil que trataremos deste delicado assunto: dízimos e ofertas. Fá-lo-emos não para atender ao gosto deste ou daquele grupo. Não para atender a esta ou àquela ala da igreja. Abordaremos este assunto com temor e tremor, buscando interpretar com fidelidade as Escrituras. Nosso propósito é trazer luz aos corações e esclarecer as mentes. Nosso objetivo é alertar sobre os desvios e escândalos cometidos por alguns que torcem esse tema bíblico para auferirem vantagens e as desculpas dadas por outros para negligenciarem a prática dessa doutrina.

Nossa convicção é que os princípios bíblicos aqui tratados são permanentes. Dízimos e ofertas são para hoje. Bem-aventurados são aqueles que se deleitam na palavra de Deus e têm prazer em sua prática.

Observar os preceitos de Deus redunda em bênçãos imediatas e em benefícios eternos. Leia, portanto, esta obra com a mente cativa das Escrituras e com o coração aberto à bondosa influência do Santo Espírito de Deus!

CAPÍTULO 1

Os desvios da igreja contemporânea acerca dos dízimos e ofertas

Hernandes Dias Lopes

A DOUTRINA DA MORDOMIA cristã tem sido atacada com rigor desmesurado em nossos dias. Isso deve-se, em grande parte, aos desvios de uns e à negligência de outros. Crescem no Brasil as igrejas evangélicas, bem como os "desigrejados". Cresce, outrossim, aqueles que abraçam a teologia da conveniência para justificar suas atitudes. É notório, sobretudo, o crescimento daqueles que, nitidamente, se desviaram do caminho e se embrenharam pela rota sinuosa da apostasia. Assim como somos no Brasil um caldeirão de raças, somos, de igual modo, uma mistura de muitas crenças e práticas. Temos nesse cenário tanto aqueles que são ultraconservadores como aqueles que são ultraprogressistas. Desde aqueles que querem impor seus usos e costumes como verdade absoluta, até aqueles que jogam fora toda a tradição herdada dos nossos pais. Do liberalismo teológico ao sincretismo religioso, muitos são os desvios doutrinários na igreja evangélica brasileira.

Nesse mosaico religioso brasileiro, poucas doutrinas bíblicas são mais atacadas do que a mordomia dos bens. Quando alguém se declara fiel a Deus na entrega dos dízimos e generoso nas ofertas, logo é taxado de herege, explorador ou coisas semelhantes. Do alto de sua torre de marfim, besuntados de arrogância, alguns vociferam palavras de ordem contra a contemporaneidade dos dízimos. Outros, ancorados em interpretações pessoais, atacam, como escorpiões do deserto, a doutrina do dízimo e rotulam aqueles que são dizimistas de patrocinadores do enriquecimento ilícito de pastores inescrupulosos. Não obstante a teologia capenga de uns e a ética torta de outros, permanecemos firmes em nosso entendimento de que a palavra de Deus, tanto no Antigo como no Novo Testamentos, nos ensina a prática dos dízimos e das ofertas para o sustento digno da obra de Deus, em todos os tempos, em todos os lugares. O homem mudou, mas Deus não. As palavras dos homens são levadas pelo vento, mas a palavra de Deus permanece para sempre. As opiniões dos homens tornam-se obsoletas e caducas, mas a verdade de Deus é eterna (Isaías 40:8)!

Estou plenamente convencido de que a maneira irresponsável e danosa como alguns líderes religiosos tratam a doutrina dos dízimos e ofertas tem contribuído para essa ferrenha oposição à mordomia cristã dos bens. Não concordamos com aqueles que usam a palavra de Deus para receber vantagens pessoais, aviltando a verdade, pisando a ética, afrontando Deus e causando escândalos. A palavra de Deus regulamenta não apenas a prática dos dízimos e ofertas, mas também a forma de receber esses valores, a motivação de entregar esses valores e como devem ser usados. Por isso, vou elencar, a seguir, alguns desses desvios que precisam ser repudiados com veemência:

A MANIPULAÇÃO DE PASTORES PARA ARRECADAR DINHEIRO

Em muitos redutos religiosos no Brasil, o recolhimento de dízimos e ofertas é a parte mais elaborada do culto público. Textos bíblicos são usados fora do seu contexto, como pretexto, para induzir os fiéis a entregar a "melhor" oferta. O sucesso do culto é avaliado pela quantidade de dinheiro arrecadado naquela reunião. Esse dinheiro, não raro, é arrecadado com a pior das motivações. Certamente não é para levar o evangelho até os confins da terra, nem para socorrer os aflitos e necessitados, mas para enriquecer "sua igreja" e abastecer "seus líderes". Alguns desses líderes acumulam riquezas colossais e vivem de forma suntuosa, sob a aura de homens ungidos e intocáveis. Mesmo com práticas tão reprováveis, por causa da ignorância espiritual de seus liderados, ainda são tidos por eles em alta conta.

O enriquecimento repentino e nada transparente de alguns desses obreiros fraudulentos tem sido motivo de chacota da igreja evangélica nos meios de comunicação e constitui causa de tropeço para muitas pessoas. Cabe aqui o alerta de Jesus: *Ai do homem pelo qual vem o escândalo!* (Mateus 18:7).

Ouvi um desses pregadores expondo o texto de Gênesis 22. O texto fala da fé de Abraão, que por obediência a Deus ofereceu seu filho Isaque, o filho da promessa, em sacrifício. Abraão acreditou que Deus era poderoso para ressuscitar seu filho. Por isso, subiu o monte do sacrifício para adorar. Deus honrou a fé de Abraão e poupou seu filho, providenciando-lhe um cordeiro substituto. Quando o pregador, porém, foi fazer a aplicação da mensagem, que tem um foco cristocêntrico, disse para seus ouvintes que eles deveriam também fazer uma oferta sacrificial e trazer ao altar o seu "Isaque". Quem tivesse um carro, deveria entregar o carro. Quem tivesse um apartamento, deveria doar o apartamento e oferecer tudo ali no altar. O pregador torceu o texto e fez uma aplicação herética. Exigiu em nome de Deus o que ele não está exigindo em sua Palavra. O pregador usou o texto como pretexto para manipular o povo e arrancar dele seus bens. Essa prática é reprovável. Essa postura é abominável. Esse tipo de ensino perverte as Escrituras e engana o povo. Sem a interpretação fiel das Escrituras, a aplicação será sempre danosa. Se a interpretação do texto estiver errada, a aplicação do texto será herética. A teologia é mãe da ética, e a ética é resultado da teologia. O povo de Deus está sendo destruído porque lhe falta o conhecimento (Oseias 4:6). Buscar amparo na palavra de Deus para justificar os malabarismos heterodoxos da arrecadação de dinheiro é uma conspiração contra Deus e uma afronta ao povo de Deus.

A OFERTA COMO UMA BARGANHA COM DEUS

Muitos pregadores, movidos pela ganância, torcem as Escrituras e enganam o povo com uma pregação mercadológica, induzindo-o a contribuir com a motivação errada. A ideia é ofertar mais para ganhar mais. Assim, a oferta deixa de ser um ato de adoração a Deus por quem ele é, e um tributo de ação de graças a Deus por aquilo que ele faz, para ser um negócio lucrativo para o homem. Contribuir na casa de Deus com essa motivação é fazer uma barganha com Deus.

Este tipo de pregação "Você deve dar mais para receber mais" corrompe a motivação do adorador. A motivação desse tipo de ofertante não é a glória de Deus nem o crescimento do seu reino. O vetor que move a pessoa é a ganância. Tudo gira em torno do desejo de ter mais. O crente torna-se uma espécie de investidor celestial. Quanto mais você puser na mão do banqueiro celestial, mais você terá.

Esse tipo de pregação é um truque para pegar as pessoas na armadilha da ganância. O amor ao dinheiro é uma mola que impulsiona o homem. O desejo de ficar rico é uma grande tentação que desperta os mais ardentes anelos no coração do homem. Essa pregação vem ao encontro dessa tendência que se aninha no coração humano. Atende a esse interesse. É pólvora seca para incendiar nos corações o desejo de ficar rico.

Ouvi certa feita um pregador da teologia da prosperidade prometendo aos fiéis que, se eles dessem uma oferta de novecentos reais para determinada causa, eles receberiam cem vezes mais. E ele insistiu: quem não quer receber cento por um? Esse tipo de pregação torna-se uma espécie de jogo lucrativo. É uma aposta segura no sucesso financeiro. O centro de tudo é o homem. A mola que move tudo é a ganância. O centro dessa mensagem é o desejo de ficar rico. Esse tipo de pregação é um acinte à verdade, um atentado à doutrina da mordomia cristã e uma distorção do verdadeiro evangelho.

Não negamos, com isso, o princípio bíblico da semeadura e da colheita. A palavra de Deus ensina, com meridiana clareza, *que o que semeia com fartura com abundância também ceifará* (2Coríntios 9:6). É Deus quem multiplica a nossa sementeira para continuarmos semeando ainda mais (2Coríntios 9:10). *A quem dá liberalmente, ainda se lhe acrescenta mais e mais; ao que retém mais do que é justo, ser-lhe-á em pura perda* (Provérbios 11:24). *A alma generosa prosperará* (Provérbios 11:25). *Quem se compadece do pobre ao* Senhor *empresta, e este lhe paga o seu benefício* (Provérbios 19:17). *Mais bem-aventurado é dar que receber* (Atos 20:35). *O homem bondoso faz bem a si mesmo* (Provérbios 11:17). Porém, a motivação daquele que semeia com fartura é a glória de Deus e o amor ao próximo. A ação correta precisa ter a motivação correta. Aquele que oferta para ganhar mais está com o coração posto no dinheiro, e não em Deus.

A FALTA DE TRANSPARÊNCIA NO TRATO COM O DINHEIRO ARRECADADO

Muitos líderes religiosos fazem da igreja uma empresa, do púlpito um balcão, do templo uma praça de negócios, do evangelho um produto, e dos crentes consumidores. Esses lobos travestidos de pastores arrancam a lã das ovelhas, comem sua carne e quebram seus ossos. Não estão interessados em servir à igreja, mas em se servirem dela. O deus que os move é Mamom. A ganância é o vetor que os dirige. Constroem impérios financeiros, mas não prestam contas do valor arrecadado nem acerca de onde o dinheiro foi aplicado ou como foi aplicado.

A credibilidade do evangelho está sendo comprometida por causa desses obreiros fraudulentos. Maculam a honra do nosso bendito Salvador, fazendo comércio do sagrado. Vendem a graça de Deus e sonegam ao povo o pão da vida. O apóstolo Paulo quando empreendeu o levantamento de uma oferta para os pobres da Judeia, entre as igrejas gentílicas, não apenas deu regras claras para o levantamento da oferta (1Coríntios 16:1,2; 2Coríntios 8:1-15), mas promoveu também a escolha de uma comissão especial para levar o valor arrecadado ao seu destino final (1Coríntios 16:3,4; 2Coríntios 8:19-21). Isso mostra que o veterano apóstolo entendia a necessidade de transparência no trato com o dinheiro.

O ensino claro das Escrituras é que as coisas de Deus devem ser feitas na luz. O dinheiro que entra no gazofilácio ou na conta bancária da igreja deve ser tratado com total transparência. Aqueles que administram os valores arrecadados devem ter integridade irretocável. Escândalos e mais escândalos são praticados por caciques religiosos que usam fraudulentamente os dízimos e as ofertas para se locupletarem e viver suntuosamente. Há pastores que já perderam o temor a Deus e lançaram mão das ofertas sem nenhum pudor, para viverem no conforto e no luxo, como se a igreja de Deus fosse uma empresa lucrativa para seu enriquecimento pessoal.

Igrejas sérias, comprometidas com a palavra de Deus, não apenas pregam sobre a fidelidade nos dízimos e a generosidade nas ofertas, mas também demonstram profundo zelo no trato com o dinheiro levantado. A ética cristã tem a ver com a forma pela qual os recursos são levantados e também com a forma pela qual os recursos são usados. As igrejas que subscrevem sua confiança nas Escrituras como sua única regra de fé e prática não lançam mão de malabarismos para fisgar o bolso das pessoas nem investem esses mesmos valores de forma nebulosa. Dízimos e ofertas pertencem a Deus e devem ser empregados para o sustento da obra de Deus.

O FALSO ENSINO DA TEOLOGIA DA PROSPERIDADE

Em alguns redutos chamados evangélicos, a pregação fiel do evangelho já foi varrida dos púlpitos. A pregação gira em torno de sucesso pessoal e prosperidade financeira. Os testemunhos que as pessoas dão não têm a ver com salvação, mas com riquezas materiais, como casas novas, apartamentos de luxo e carros importados. O enriquecimento na terra tomou o lugar das riquezas do céu. O evangelho da conveniência tomou o lugar do evangelho da graça. O bem-estar do homem neste mundo tomou o lugar da salvação eterna e da renúncia do discipulado.

A teologia da prosperidade promete um paraíso neste mundo. Limita-se apenas a esta vida. Tem promessas apenas para o aqui e agora. Os pregadores da teologia da prosperidade usam os textos bíblicos fora do contexto para enganar os incautos. A interpretação dos textos é torcida para favorecer tendenciosamente esses mercadores da fé. Enquanto esses pregadores cruzam os céus em jatinhos particulares e compram fazendas cinematográficas, o povo é explorado para satisfazer seu apetite insaciável.

Vale destacar que os profetas de Deus foram homens pobres. Eles não ostentavam as riquezas deste mundo nem venderam sua consciência pelo lucro, como os falsos profetas. Os apóstolos eram homens pobres. Não tinham ouro nem prata (Atos 3:6). O apóstolo Paulo, o maior bandeirante do cristianismo, nem sequer tinha uma capa surrada para usar, na chegada do inverno, no final de sua vida (2Timóteo 4:13). Esses homens, porém, apesar de não terem nada, possuíam tudo. Eram pobres, mas enriqueceram a muitos (2Coríntios 6:10). O tesouro que enchia seus olhos não era ouro nem prata. A glória de Deus, a edificação da igreja e a salvação dos perdidos eram sua motivação.

O DESENGAVETAMENTO DAS INDULGÊNCIAS COM NOVAS ROUPAGENS

Em algumas igrejas, as antigas indulgências estão sendo desengavetadas para receber uma nova roupagem. Os fiéis são induzidos a comprar água benzida, rosa ungida, toalhas suadas e lotes no céu. Incontáveis objetos consagrados pelos seus líderes messiânicos são vendidos a preços exorbitantes para atender à insaciável ganância desses camelôs da fé.

No passado, objetos sagrados ganhavam um significado místico e eram vendidos para encher os cofres da igreja. Hoje, a criatividade dos leiloeiros da fé é tão grande que, a cada dia, novas campanhas são criadas, novos objetos são consagrados, novos desafios são feitos, para afastar as pessoas das Escrituras e conduzi-las ao abismo do sincretismo religioso.

A exploração da fé é um meio perverso para enriquecer obreiros fraudulentos e promover lobos travestidos de pastores. A maneira escandalosa como esses líderes lidam com dinheiro torna-se uma pedra de tropeço para muitos e levam outros, desprovidos de entendimento, a nivelar todos os pastores pela mesma régua. A maneira escandalosa como esses empresários da fé vivem torna-se um estorvo para o avanço do verdadeiro evangelho.

O uso místico desses objetos no culto público é também uma afronta a Deus, pois o culto é bíblico ou é anátema. A forma de cultuar a Deus foi prescrita por ele, e não podemos nos aproximar de Deus com fogo estranho. Não podemos adorar a Deus conforme a nossa imaginação. Jesus foi enfático ao dizer que *Deus é espírito; e importa que os seus adoradores o adorem em espírito e em verdade* (João 4:24).

O ENRIQUECIMENTO EM NOME DA RELIGIÃO

A riqueza não é pecado. Pecado é a riqueza adquirida de forma ilícita e fraudulenta. O pecado não é ter dinheiro, mas o dinheiro nos ter. O pecado não é possuir dinheiro, mas o dinheiro nos possuir. O pecado não é ter dinheiro no bolso, mas entronizar o dinheiro no coração. O pecado não é o dinheiro, mas o amor ao dinheiro (1Timóteo 6:10). Usar pressão psicológica, ameaça espiritual e mecanismos heterodoxos para arrecadar dinheiro é uma prática reprovável. Fazer do culto uma ocasião para constranger as pessoas a dar dinheiro é uma distorção da verdadeira adoração. Usar textos bíblicos fora do seu contexto para comercializar a fé é uma ofensa a Deus e uma paganização da igreja.

Como já afirmamos, os profetas foram homens pobres, os apóstolos foram homens pobres e o próprio Jesus não tinha onde reclinar a cabeça. Ele precisou de uma estrebaria emprestada para nascer (Lucas 2:7). Precisou de um barco emprestado para pregar (Lucas 5:3). Precisou de um animal emprestado para montar (Mateus 21:1-5). Precisou de uma sala emprestada para reunir-se com os seus discípulos (Marcos 14:12-16). Precisou de um túmulo emprestado para ser sepultado (Mateus 27:59,60). O apóstolo Paulo destaca este fato estonteante sobre Jesus: *Pois conheceis a graça de nosso Senhor Jesus Cristo, que, sendo rico, se fez pobre por amor de vós, para que, pela sua pobreza, vos tornásseis ricos* (2Coríntios 8:9). Hoje, os pregadores pobres querem se tornar ricos, vendendo a graça de Deus. Esses caciques da teologia da prosperidade, fazem da religião um meio de enriquecimento pessoal. Essa prática vergonhosa já produziu um adágio assaz conhecido: "Pequenas igrejas, grandes negócios". Infelizmente, muitas igrejas são abertas como franquias. A finalidade é o lucro. Se não der lucro, fecha!

Em virtude desse desvio da verdade e desse atentado à ética cristã, muitos pregadores deixaram a simplicidade do evangelho para serem colocados na lista dos homens mais ricos do mundo. Isso porque, em vez de pregar o evangelho e viverem do evangelho, servem-se do evangelho para se enriquecerem. Usam o evangelho como plataforma para se abastecerem. Esses empresários da fé não pastoreiam as ovelhas de Cristo, mas arrancam a sua lã e comem a sua carne. Não servem ao rebanho; servem-se do rebanho. Não enriquecem as pessoas com o evangelho da graça; enriquecem-se a si mesmos, usando os mecanismos psicológicos da sedução.

O MERCADEJAMENTO DA PALAVRA DE DEUS

Há pregadores e cantores evangélicos que cobram gordos cachês e fazem pesadas exigências para pregar ou cantar. Tornaram-se astros, estrelas, atores, ícones. Acendem os holofotes sobre si mesmos. Nada conhecem do evangelho da graça. Nada entendem do exemplo de Cristo e de seus apóstolos. São movidos pela ganância. Mercadejam a Palavra. Torcem as Escrituras para seu proveito e edificam monumentos a si mesmos.

Alguns pregadores trocam de púlpito com seus amigos, com o propósito de repartir meio a meio a oferta arrecadada. Numa semana, aquele pregador prega aqui; na outra semana, este pregador prega lá. O sucesso do culto é medido pela quantidade de dinheiro levantado e quanto cada um embolsa.

Vivemos hoje, vergonhosamente, a tietagem evangélica. Pregadores empoleirados no topo de sua vaidade exigem ser tratados como astros de cinema. Exigem tratamento *vip*. Fazem exigências nada frugais para atender a um convite para pregar. Estudam minuciosamente os convites e decidem por atender este ou aquele, dependendo do tamanho da oferta que vão receber. A igreja, imatura na fé, alimenta a vaidade desses obreiros fraudulentos, estendendo-lhes tapetes vermelhos, acendendo sobre eles os holofotes do sucesso e dando-lhes o *status* de verdadeiros heróis da fama.

Cantores e bandas, com honrosas exceções, exigem somas vultosas para se apresentarem. O culto foi substituído pelo *show*. O púlpito foi substituído pelo palco. A simplicidade do culto foi substituída pelas luzes e fumaça de gelo seco. O adorador foi substituído pelo artista. A glória de Deus foi substituída pela vanglória humana. A centralidade da palavra de Deus foi substituída pela criatividade humana. O evangelho de Cristo foi substituído pelas novidades do mercado da fé. As músicas cristocêntricas foram substituídas pelas músicas centradas no homem. Oh, quantos desvios podem ser percebidos! Quão distante está a igreja do padrão das Escrituras! Quão distantes estamos da fé dos nossos pais!

LÍDERES QUE EXPLORAM SEUS LIDERADOS ENQUANTO VIVEM NA OSTENTAÇÃO

Há líderes messiânicos, que se colocam acima dos demais mortais. Possuem servidores que servem não ao evangelho com eles, mas servem a eles próprios (Filipenses 2:21). Esses astros e estrelas da fé são servidos como se fossem soberanos. Vivem no luxo. Estão no topo da pirâmide. São tratados como os personagens glamorosos do meio artístico. São intocáveis. São os ungidos. Há um séquito ao redor deles para servi-los. Vivem em ostentação enquanto seus servidores amargam dura realidade.

Esquecem-se esses protagonistas da teologia da prosperidade que no reino de Deus a pirâmide está invertida. Maior é o que serve. Quanto maior o posto, mais humilde o líder deve ser. Jesus, o mestre e o Senhor, usou a bacia e a toalha como seus símbolos (João 13:12-14). No reino de Deus, maior é o que serve. Por isso, o *Filho do homem* não veio para ser servido, mas para servir e dar a sua vida em resgate por muitos (Marcos 10:45).

Uma coisa é honrar os guias espirituais (Hebreus 13:7); outra coisa é colocá-los num pedestal. Uma coisa é obedecer àqueles que apascentam a nossa alma (Hebreus 13:17); outra coisa é tratá-los como ídolos. Uma coisa é sustentar de forma digna os obreiros de Deus (1Coríntios 9:11-14); outra coisa é enriquecê-los. Os líderes que exploram o povo para se locupletarem nada entendem da graça de Deus (Ezequiel 34:1-10). A graça de Deus é o amor de Deus em movimento na direção daqueles que são indignos e nada têm para retribuir.

Pastores-astros amam o *glamour* da multidão, mas não gostam de gente. Amam os holofotes, mas não o cajado de pastor. Amam o sucesso do ministério, mas não as dores do pastorado.

Amam os aplausos dos homens, mas não os espinhos da obra. Amam as pessoas anônimas da multidão, mas não gostam do cheiro de ovelhas.

LÍDERES QUE MUDAM OS PRECEITOS DA PALAVRA DE DEUS COM O PROPÓSITO DE ARRECADAR MAIS DINHEIRO

No cenário religioso brasileiro, existem muitas bizarrices. Há aqueles que exigem o "trízimo" do povo, enquanto outros dão desconto no dízimo para alcançar melhores resultados na arrecadação. Esses caciques da religião estão desprovidos de temor a Deus e já cauterizaram sua consciência. Só enxergam cifras em sua frente. São motivados por Mamom. São governados pelo amor ao dinheiro. Fazem campanhas e mais campanhas, prometendo ao povo mundos e fundos, desde que abasteçam sua conta bancária, contribuindo sacrificialmente.

O dízimo não é uma invenção da igreja nem um preceito humano. Ninguém pode diminuí-lo nem aumentá-lo. A palavra "dízimo" em qualquer idioma significa dez por cento. Não temos autoridade para mudar os preceitos de Deus. Não podemos tirar nem acrescentar nada. Cabe-nos pregar a Palavra com fidelidade e obedecer-lhe com alegria.

Destacamos aqui dois extremos. O primeiro deles é acrescer o dízimo, como se a revelação de Deus estivesse aberta. A Bíblia tem uma capa ulterior. Não há revelações novas. A pregação hoje não é revelatória, mas expositiva. Ninguém está autorizado a trazer novidades para a igreja de Deus, em nome de Deus, além da verdade infalível, inerrante e suficiente que está em sua Palavra (Gálatas 1:6-9). O outro extremo é diminuir o dízimo, como se Deus tivesse nos constituído em seus negociadores. A palavra de Deus não está à mercê da vontade humana. Ela não caduca nem está sujeita a revisão. Cabe-nos obedecer a ela na íntegra!

LÍDERES QUE RECOLHEM DINHEIRO PARA PROMOVER SEUS PROJETOS PESSOAIS, E NÃO PARA PROMOVER A PREGAÇÃO DO EVANGELHO E SOCORRER OS NECESSITADOS

Há muitos pastores que fazem da igreja um negócio particular. Os bens móveis e imóveis são registrados em nome do pastor, como se sua propriedade fossem. Fundam-se igrejas como se abre uma empresa. A finalidade é fazer daquele empreendimento religioso um negócio de sobrevivência e enriquecimento. O dinheiro que cai na conta é para o pastor e sua família. O dinheiro é usado para alavancar projetos pessoais. Os bens que entram nos cofres da igreja pertencem à família pastoral. Os imóveis adquiridos e os templos construídos são da associação que está ligada à família do pastor. Os dízimos e ofertas recolhidos não têm qualquer propósito de socorrer os necessitados nem mesmo de investir na obra missionária e na proclamação do evangelho. Há, sim, um plano de fortalecimento da imagem do pastor, da igreja do pastor e do patrimônio financeiro do pastor.

Não há uma clara distinção de bens entre o que pertence à igreja e o que pertence ao pastor. O povo que contribui não sabe quanto entrou nos cofres da igreja nem para onde foi o dinheiro. Não há uma íntegra e transparente prestação de contas. Não há, ainda, uma equipe qualificada para receber os recursos e geri-los. O dinheiro é usado pelo pastor e sua família a seu bel-prazer. No aperto ou na folga, tudo é administrado pelo pastor e sua família.

Essa prática, ainda que não houvesse desvio de um centavo, não seria correta. Uma igreja séria, que pauta sua conduta pelos princípios exarados na palavra de Deus, tem uma tesouraria, uma comissão de exame de contas e uma prestação de contas a seus membros de cada centavo que entrou e como foi aplicado. A ética cristã nos ensina a nos afastarmos até da aparência do mal. O que a palavra de Deus ensina é que o trabalhador é digno do seu salário (Lucas 10:7; 1Timóteo 5:18), mas não chancela o enriquecimento de pastores e líderes, usando os recursos que deveriam ser empregados no sustento da obra e no avanço do evangelho para benefícios pessoais. O que a palavra de Deus ensina é que aqueles que se afadigam na palavra e no ensino são merecedores de dobrados honorários (1Timóteo 5:17), mas não autoriza a apropriação indevida daqueles valores que devem promover a causa do evangelho.

Oh, quão distantes estamos da igreja primitiva, quando os apóstolos não tinham ouro nem prata, mas tinham o poder de Deus para pregar o evangelho, curar os enfermos e impactar o mundo (Atos 3:6-10; 4:31-35; 17:6). Os homens que mais influenciaram o mundo não deixaram ricos patrimônios, mas um legado e um exemplo digno de ser imitado. Mesmo sendo pobres, enriqueceram a muitos; mesmo nada tendo, possuíam tudo (2Coríntios 6:10).

LÍDERES QUE PEGAM AS PESSOAS NA ARMADILHA DO MEDO, DA CULPA E DA GANÂNCIA

A religião de mercado tem se transformado na religião da exploração dos desesperados. Pessoas enfermas são desafiadas a dar uma oferta de sacrifício para serem curadas. Quando a cura não vem, a culpa é do enfermo que não teve fé para ser curado. Pessoas endividadas são instadas a dar o pouco que têm para encontrar solução financeira para sua vida. Quando o problema financeiro não é resolvido é porque a oferta não foi suficientemente sacrificial.

Esses vendedores de falsas esperanças enganam as pessoas fazendo promessas que Deus nunca fez e ameaçando-as com maldições que Deus nunca pronunciou. Esse engano religioso não tem nada a ver com o evangelho da graça. Amedrontar pessoas com maldições em nome de Deus é uma insanidade teológica. Cristo se fez maldição por nós (Gálatas 3:13) quando assumiu o nosso lugar (2Coríntios 5:21), *carregou os nossos pecados sobre o seu corpo no madeiro* (1Pedro 2:24) e morreu em nosso favor, para quitar nossa dívida (João 19:30). Agora, nós que estamos em Cristo, estamos quites com a lei de Deus. Cristo satisfez completamente as demandas da justiça de Deus com sua morte expiatória. Ele é a nossa justiça. Quando um cristão, perdoado pela graça, peca, esse pecado é grave aos olhos de Deus e pode trazer-lhe severas consequências, mas jamais pode separá-lo do amor de Deus que está em Cristo Jesus (Romanos 8:31-39). Aqueles que foram justificados podem até cair, mas não permanecem caídos. *Aqueles que foram redimidos na cruz e estão guardados nas mãos de Cristo jamais perecerão* (João 10:28).

Aqueles que tentam explorar os crentes imaturos pela culpa estão pregando um falso evangelho. O evangelho da graça oferece alívio do fardo aos cansados em vez de esmagá-los sob o rolo compressor da culpa (Mateus 11:29,30). Dizer para uma pessoa aflita, endividada ou enferma que ela precisa entregar para a igreja uma oferta de sacrifício, para receber as bênçãos de Deus ou para Deus não pesar a mão sobre ela, é uma afronta à graça de Deus. As igrejas que adotam essa prática estão extorquindo as pessoas em nome de Deus, e não pregando o evangelho.

É muito frequente ver igrejas usando a isca da ganância para atrair as pessoas. As ofertas são trabalhadas como se fossem uma semeadura para o sucesso financeiro. Então, os crentes são movidos a dar mais para receberem mais. O ofertante é motivado a dar mais, a semear num terreno fértil, a fim de ter mais e mais. O vetor que move esses ofertantes é a ganância. O fim último dessa abordagem é o homem, seu sucesso e seu enriquecimento. Nada mais distante do evangelho. Nada mais contrário ao ensino das Escrituras. Devemos ser fiéis a Deus nos dízimos e generosos nas ofertas, mas nossa motivação não está na recompensa financeira, mas na glória de Deus, na promoção do evangelho e no amor ao próximo. Não ofertamos para nós mesmos. Não semeamos para nós mesmos. Fazemos tudo para a glória de Deus!

PASTORES QUE ACUMULAM RIQUEZAS NÃO DECLARADAS

Muitos pastores e líderes, além de não prestarem conta dos dízimos e ofertas que são arrecadados, ainda usam esses valores para comprar fazendas, carros, iates, jatinhos, casas, apartamentos, bens diversos que não são do conhecimento da comunidade que lideram. Os crentes que são ovelhas desses pastores desconhecem o que acontece nos bastidores. Eles são usados para alimentar essa máquina. São inocentes úteis para manter esse sistema. Muitos são instados a dar tudo o que têm — casas, carros, joias, propriedades — não para o avanço do evangelho, mas para multiplicarem os bens de seus guias.

Vivemos hoje a realidade de pastores ricos e crentes pobres, de líderes poderosos e liderados fracos. De igrejas empresas e crentes empregados. De massas ignorantes e pastores espertalhões.

Num mundo cada vez mais materialista, o sucesso de alguém é medido pela quantidade de dinheiro que ele granjeia, mesmo que as fontes sejam obscuras. Num mundo cada vez mais secularizado, um homem vale quanto tem. Os pregadores da prosperidade ensinam que a riqueza é o sinal da bênção e a pobreza é a prova da falta de fé. Nesse viés, quanto mais a pessoa tem, mais abençoada é. Quanto mais ela acumula, mais espiritual é. Quanto mais ela ajunta, mais perto de Deus está. Esse entendimento, porém, é falso. A palavra de Deus diz: *Uns se dizem ricos sem terem nada; outros se dizem pobres, sendo mui ricos* (Provérbios 13:7). A vida de um homem não consiste na abundância de bens que ele possui.

PASTORES QUE INDUZEM O POVO AO ERRO

Há aqueles que, combatendo os exageros e desvios desses pastores manipuladores, que usam o medo, a culpa e a ganância para arrancar dos incautos o último centavo, colocam-se contra a veracidade do dízimo para os nossos dias.

É claro que, como já alertamos, muitos pregam sobre dízimos e ofertas sugestionando as pessoas a ofertarem mais para receberem mais. Contudo, o fato de existirem pastores falsos que pregam sobre o dízimo não significa que não haja pastores verdadeiros pregando sobre o dízimo. O fato de existir um falso ensino sobre o dízimo não significa que não haja uma pregação fiel sobre o dízimo. O fato de existirem exploradores em nome de Deus, não significa que não haja obreiros fiéis ensinando a verdade sobre a mordomia cristã.

Diante dos problemas levantados anteriormente, alguns arautos da oposição ao dízimo se levantam, dizendo que o Novo Testamento não ensina sobre o dízimo. Pregam com veemência que o dízimo foi abolido, pois só fazia parte da lei cerimonial, e esta foi abolida na cruz. Argumentam que estamos debaixo da graça e que o dízimo era uma prática restrita à lei. Afirmam que o dízimo era tão somente para o sustento dos levitas, e estes não existem mais. Concluem, dizendo que estamos desobrigados do dízimo. Porém, um exame mais atento e cuidadoso das Escrituras mostra-nos o equívoco dessa visão.

Esses arautos da pregação contrária ao dízimo dizem que Jesus não ensinou sobre o dízimo para a igreja, e sim para os fariseus (Mateus 23:23). Teria Jesus ensino diferente ou até divergente para os fariseus e para a igreja? Ensinaria ele algo para uns e o contrário para outros? Quando Jesus afirmou *Dai, pois, a César o que é de César e a Deus o que é de Deus* (Mateus 22:21), precisamos perguntar: o que é de Deus? A Bíblia diz que tudo é de Deus (Salmos 24:1). Nada trouxemos para este mundo nem nada dele levaremos (1 Timóteo 6:7). A palavra de Deus diz que o dízimo é de Deus (Levítico 27:30-32). Sempre foi e jamais deixou de ser. Retê-lo é roubar a Deus (Malaquias 3:8). Então, Jesus está dizendo que devemos dar a Deus o que é de Deus. Ora, se Abraão entregou o dízimo a Melquisedeque (Gênesis 14:20), e este sacerdote é um tipo de Cristo (Hebreus 7:1-3), logo, nós, filhos de Abraão, devemos entregar nosso dízimo a Cristo, sacerdote não da ordem levítica, mas da ordem de Melquisedeque (Hebreus 7:8). O sacerdócio levítico cessou (Hebreus 7:18), mas o sacerdócio de Cristo, segundo a ordem de Melquisedeque, permanece para sempre (Hebreus 7:17).

Vale destacar que não damos o dízimo. Entregamo-lo. Damos aquilo que é nosso. Entregamos o dízimo não para o pastor ou para a igreja. Entregamos para Deus. Ele é o dono (Levítico 27:32). A igreja recebe, e a liderança administra. Se a liderança não for fiel na administração, terá que prestar contas a Deus. O fato, entretanto, de alguns líderes serem infiéis não nos isenta de nossa responsabilidade de sermos fiéis a Deus. Se um crente nota que sua igreja está sendo infiel às Escrituras e seus pastores se desviaram da sã doutrina e da ética cristã, cabe a esse crente buscar uma igreja que pregue a palavra de Deus com fidelidade, ministre os sacramentos corretamente e exerça a disciplina com amor. O caminho que devemos seguir não é o abandono da verdade, porque alguns se desviaram da rota. O lema da Reforma é: "Igreja reformada, sempre reformando", ou seja, sempre devemos examinar nossa teologia e nossa ética à luz da Escritura e, sempre que houver qualquer desvio, devemos nos voltar para a eterna, infalível, inerrante e suficiente palavra de Deus.

Ainda é importante dizer que os princípios ensinados por Paulo sobre o recolhimento das ofertas para os pobres da Judeia (1Coríntios 16:1-4; 2Coríntios 8—9) seguiram os mesmos princípios do dízimo, ou seja, individualidade, sistematicidade e proporcionalidade. É digno de nota que o apóstolo Paulo ensina a questão da motivação certa para ofertar. Devemos fazer o certo, com a motivação certa. Mas obediência é um imperativo. Não passa pelo crivo da minha vontade. Não é a minha vontade que dá validade à verdade. Devo obedecer, mesmo quando não sinto vontade de obedecer. Não vivo pelas emoções. Vivo pela fé!

CAPÍTULO 2

Por que devemos ser fiéis a Deus nos dízimos?

Hernandes Dias Lopes

Vou me concentrar neste capítulo em tratar do ensino bíblico sobre o dízimo, buscando refutar, à luz das Escrituras, os principais argumentos usados para descaracterizá-lo. Nenhuma doutrina bíblica tem sido mais combatida nas redes sociais, em nossos dias, do que a doutrina da mordomia cristã, especialmente os dízimos e as ofertas. Aqueles que defendem a contemporaneidade do dízimo são taxados de hereges, de mal informados ou de enganadores do povo.

Um exame mais cuidadoso das Escrituras, entretanto, deixa claro que o ensino bíblico sobre o dízimo não mudou. O mesmo preceito ensinado no Antigo Testamento está estabelecido no Novo Testamento e deve continuar sendo praticado pelo povo de Deus até a volta de Jesus.

Os desvios de uns não devem nos levar para outro extremo. Não é porque alguns falsos mestres distorcem a doutrina do dízimo e exploram o povo em nome de Deus que devemos negar a legitimidade e a contemporaneidade dessa doutrina.

O dízimo foi praticado antes da lei, no sacerdócio de Melquisedeque (Gênesis 14:20); foi ensinado na lei, durante o sacerdócio levítico (Números 18:1-32; Deuteronômio 14:22-29; Levítico 27:30-32); e também é praticado hoje, no sacerdócio de Cristo (Mateus 23:23; 1Coríntios 9:11-14; Hebreus 7—10). O ensino sobre o dízimo está presente nos Livros da lei (Deuteronômio 14:22-29), nos Livros

Históricos (2Crônicas 31:11,12; Neemias 13:10-14), nos Livros Poéticos (Provérbios 3:9,10) e nos Livros Proféticos (Malaquias 3:8-12). É ensinado, outrossim, nos Evangelhos (Mateus 23:23) e também nas Epístolas (1Coríntios 9:1-14; Hebreus 7:1-28).

Resta, claro, afirmar que o dízimo foi sancionado por Jesus no Novo Testamento (Lucas 11:42). Os mesmos princípios para o sustento dos levitas no Antigo Testamento são prescritos pelo apóstolo Paulo para o sustento dos obreiros de Deus no Novo Testamento (1Coríntios 9:11-14). Ao longo da história, tem sido esse o método usado para a manutenção da casa de Deus e a expansão do evangelho entre os povos.

Vejamos, agora, alguns dos principais argumentos usados contra a prática do dízimo:

Eu não sou dizimista porque o dízimo faz parte da lei cerimonial, e esta foi abolida na cruz.

De todas as críticas feitas à doutrina do dízimo, talvez a mais frequente seja esta: "O dízimo faz parte da lei cerimonial, e esta foi abolida na cruz. Logo, estou desobrigado de ser dizimista". A essa crítica, respondemos que a prática do dízimo está presente em toda a Bíblia. No Antigo Testamento, está presente nos Livros da lei (Números 18:21-32), nos Livros Históricos (Neemias 13:10-14), nos Livros Poéticos (Provérbios 3:9,10) e nos Livros Proféticos (Malaquias 3:8-12). No Novo Testamento, está presente tanto nos Evangelhos (Mateus 23:23) como nas Epístolas (Hebreus 7:1-19; 1Coríntios 9:13,14).

É importante dizer que a prática do dízimo é anterior à lei cerimonial (Gênesis 14:20; 28:18-22). Abraão, quatrocentos anos antes de a lei ser instituída, entregou o dízimo a Melquisedeque, um tipo de Cristo (Gênesis 14:20; Hebreus 7:1-10). O dízimo foi incluído na lei, pois foi a maneira de Deus prover o sustento da tribo de Levi, aqueles que trabalhavam no ministério (Levítico 27:30-33; Números 18:21-32; Deuteronômio 14:22-29; 18:1-8). Os mesmos princípios de sustento dos sacerdotes e levitas no Antigo Testamento são usados para o sustento dos obreiros de Deus no Novo Testamento:

Se nós vos semeamos as coisas espirituais, será muito recolhermos de vós bens materiais? [...]. *Não sabeis vós que os que prestam serviços sagrados do próprio templo se alimentam? E quem serve ao altar do altar tiram o seu sustento? Assim ordenou também o Senhor aos que pregam o evangelho que vivam do evangelho* (1Coríntios 9:11,13,14).

Logo, os que estão no ministério hoje, na vigência da nova aliança, devem viver do ministério.

Embora a ordem levítica tenha cessado com o advento da nova aliança (Hebreus 7:18), os dízimos não cessaram, porque Abraão, como pai da fé, entregou o dízimo a Melquisedeque, um tipo de Cristo, e nós, como filhos de Abraão, entregamos o dízimo a Cristo, sacerdote da ordem de Melquisedeque: *Aliás, aqui são homens mortais os que recebem dízimos, porém ali, aquele de quem se testifica que vive* (Hebreus 7:8).

Aqueles que usam Mateus 23:23 para dizer que Jesus sancionou o dízimo antes da inauguração da nova aliança, mas que depois de sua morte essa sanção não é mais válida, esquecem-se de que junto com o dízimo Jesus menciona também outros preceitos da mesma lei (a justiça, a misericórdia e a fé): *Ai de vós, escribas e fariseus, hipócritas, porque dais o dízimo da hortelã, do endro e do cominho e tendes negligenciado os preceitos mais importantes da lei: a justiça, a misericórdia e a fé; devíeis, porém, fazer estas coisas, sem omitir aquelas!* (Mateus 23:23).

Se estamos desobrigados do dízimo, por ser da lei, deveríamos também estar desobrigados desses outros preceitos da lei, ou seja, a justiça, a misericórdia e a fé, pois também são da lei. Fica evidente que Jesus reprova os escribas e fariseus pela sua prática legalista e meritória do dízimo, uma vez que pensavam que o dízimo era uma espécie de salvo-conduto. Imaginavam que, por serem dizimistas, tinham licença para negligenciar os outros preceitos da lei. Na verdade, os escribas e fariseus, besuntados de hipocrisia, estavam superestimando o dízimo e menosprezando os principais preceitos da lei.

Ao mesmo tempo, porém, que Jesus reprova a visão distorcida dos escribas e fariseus, que davam grande ênfase ao dízimo em detrimento da justiça, da misericórdia e da fé, referenda a prática do dízimo: ... *devíes, porém, fazer estas coisas* [a prática da justiça, da misericórdia e da fé], *sem omitir aquelas* [a entrega dos dízimos]. Apesar dos desvios de uns e das críticas de outros, devemos continuar fiéis a Deus na entrega dos dízimos, pois este é o claro ensinamento de Jesus, conforme o ensino fiel das Escrituras.

É preciso deixar claro que o dízimo não é uma questão meramente financeira. Trata-se do reconhecimento de que tudo o que existe é de Deus. Não trouxemos nada para o mundo nem nada dele levaremos (1Timóteo 6:7). Somos apenas mordomos de Deus e, no exercício dessa mordomia, devemos ser achados fiéis (1Coríntios 4:2). O dízimo, mais do que um valor, é um emblema. É um sinal de fidelidade a Deus e confiança em sua providência. A entrega dos dízimos é uma ordenança divina. Não temos licença para retê-lo, subtraí-lo nem administrá-lo (Malaquias 3:8-10).

Eu não sou dizimista porque o dízimo era para sustento dos sacerdotes e levitas, e estes não existem mais.

É verdade que o dízimo era para o sustento dos sacerdotes e levitas (Levítico 27:30-34; Números 18:1-32; Deuteronômio 14:22-29). Também é verdade que a ordem levítica cessou (Hebreus 7:11-19). De igual modo, é verdade que todos nós, que cremos em Cristo, fomos feitos sacerdócio real (1Pedro 2:9; Apocalipse 1:5,6).

O dízimo, porém, era uma prática anterior aos levitas. Portanto, não pode se confinar a eles. Abraão já entregava o dízimo antes mesmo da nação de Israel existir (Gênesis 14:20). Jacó, neto de Abraão, prometeu dar o dízimo a Deus antes de seus filhos, que formaram as doze tribos de Israel, nascerem (Gênesis 28:22). Fica evidente que o dízimo é anterior à lei e aos levitas.

Entender o ensino das Escrituras sobre o sustento da casa de Deus e dos obreiros de Deus no Antigo Testamento é muito importante. Vamos fazer uma retrospectiva desse momentoso assunto: o êxodo do Egito trouxe não apenas libertação para Israel, mas também fez dele uma nação. Todo o povo era visto como um "reino sacerdotal", portanto uma nação santa (Êxodo 19:6). Dentro desse contexto, as atividades sacerdotais específicas pertenciam a três ordens: sumo sacerdote, sacerdotes e levitas. Arão era o sumo sacerdote, e os sacerdotes deviam ser os descendentes masculinos de Arão, que era um levita (Números 3:10). Os levitas eram outros membros homens da tribo de Levi, o terceiro filho de Jacó com Lia (Gênesis 29:34). A tribo de Levi era composta dos descendentes de seus três filhos: Gérson, Coate e Merari. Moisés, Arão e Miriã tinham sua genealogia ligada a Coate (Êxodo 6:16).

Cabia ao sumo sacerdote entrar no lugar santíssimo uma vez por ano para fazer expiação pelo povo (Levítico 16:1-34). As principais funções do sacerdócio ocorriam no santuário. Cabia a eles o cuidado das coisas sagradas, além de atividades sanitárias (Levítico 13—15). Os levitas auxiliavam os sacerdotes e serviam à congregação no templo.

Levi, como tribo, não poderia possuir nenhum território na distribuição das terras. O próprio Deus era a sua herança (Números 18:20). Uma vez que a tribo de Levi não podia acumular riquezas, deveria ser sustentada por ofertas e dízimos (Números 18:21). Assim como a viúva, o órfão e o estrangeiro, eles eram recomendados aos cuidados do povo de Deus (Deuteronômio 14:29).

O povo devia trazer à casa de Deus, e não a outro lugar qualquer, seus dízimos e ofertas (Deuteronômio 12:6). Deixar de fazer isso era desamparar os levitas. A ordem de Deus é expressa: *Guarda-te, não desampares o levita todos os teus dias na terra* (Deuteronômio 12:19).

O povo devia dar os dízimos de todo o fruto das suas sementes, que ano após ano fosse recolhido no campo (Deuteronômio 14:22), ou vender esse produto e entregá-lo em dinheiro (Deuteronômio 14:25,26), mas jamais poderia desamparar os levitas, que não tinham herança como as demais tribos (Deuteronômio 14:27). De três em três anos, os dízimos deviam também assistir o estrangeiro, o órfão e a viúva (Deuteronômio 14:28,29; 26:12). Mesmo que as circunstâncias fossem difíceis, o povo devia ser fiel a Deus na entrega dos dízimos em vez de comê-lo na sua aflição (Deuteronômio 26:14,15).

Os dízimos foram dados por Deus a Arão e sua casa (Números 18:8). As primícias que eram de Deus, ele as deu a Arão (Números 18:12,13). O dízimo não era do povo nem dos levitas, mas de Deus. *O dízimo será santo ao* Senhor (Levítico 27:32). Porque Arão não tinha herança entre as tribos, Deus lhe disse: *Eu sou a tua porção e a tua herança no meio dos filhos de Israel* (Números 18:20). E disse mais: *Aos filhos de Levi dei todos os dízimos em Israel por herança, pelo serviço que prestam, serviço da tenda da congregação* (Números 18:21). Os dízimos são apresentados ao Senhor, e o Senhor os dá aos levitas, em virtude de não terem eles herança entre o povo (Números 18:24). Os levitas, que recebiam de Deus os dízimos que o povo trazia, entregavam também o dízimo dos dízimos (Números 18:25,26). Os levitas e a casa deles podiam comer o dízimo que era trazido, pois era essa a sua recompensa (Números 18:31).

O dízimo passou a ser um termômetro espiritual na vida do povo de Israel. Sempre que o povo se afastava de Deus, negligenciava a entrega dos dízimos. Sempre que havia um reavivamento espiritual, o povo trazia de volta os dízimos à casa do Senhor (2Crônicas 31:11,12). Neemias chegou a dizer que não entregar os dízimos era desamparar a casa de Deus (Neemias 13:11). Malaquias foi mais contundente, ao afirmar que reter o dízimo era roubar a Deus (Malaquias 3:8).

Como deixamos claro anteriormente, Deus regulamentou a destinação dos dízimos para o sustento dos levitas, uma vez que na distribuição das terras a tribo de Levi não recebeu herança. Ela devia cuidar exclusivamente do culto divino. Viver exclusivamente do ministério. Deus era a sua herança e o seu provedor. Os levitas não deviam trabalhar no campo, cuidando das lavouras e dos rebanhos. Deviam, ao contrário, se dedicar ao serviço divino e receber dele seu digno sustento (Números 18:1-32).

Se no culto levítico, quando a ação do povo da promessa era centrípeta, ou seja, voltada para o tabernáculo e depois para o templo, quanto mais hoje, quando a dinâmica da igreja é centrífuga, ou seja, levar o evangelho a toda criatura, em todo o mundo, até os confins da terra, em cada geração. Se na antiga aliança os dízimos e as ofertas foram os meios estabelecidos por Deus para sustentar sua obra, quanto mais na nova aliança, quando as demandas da obra se desdobram para horizontes muito mais largos.

O fato de hoje não existir a ordem levítica não dispensa a prática dos dízimos. Ao contrário, temos hoje uma gama imensa de ministros e obreiros que trabalham no ministério, pregando o evangelho e vivendo do evangelho. Quando o apóstolo Paulo trata do sustento dos obreiros na nova dispensação, recorre ao texto que fala do sustento dos levitas:

Quem jamais vai à guerra à sua própria custa? Quem planta a vinha e não come do seu fruto? Ou quem apascenta um rebanho e não se alimenta do leite do rebanho? Porventura, falo isto como homem ou não o diz também a lei? Porque na lei de Moisés está escrito: Não atarás a boca ao boi, quando pisa o trigo. Acaso, é com bois que Deus se preocupa? Ou é, seguramente, por nós que ele o diz? Certo que é por nós que está escrito; pois o que lavra cumpre fazê-lo com esperança; o que pisa o trigo faça-o na esperança de receber a parte que lhe é devida. Se nós vos semeamos as coisas espirituais, será muito recolhermos de vós bens materiais? Se outros participam desse direito sobre vós, não o temos nós em maior medida? Entretanto, não usamos desse direito; antes, suportamos tudo, para não criarmos qualquer obstáculo ao evangelho de Cristo. Não sabeis vós que os que prestam serviços sagrados do próprio templo se alimentam? E quem serve ao altar do altar tira o seu sustento? Assim ordenou também o Senhor aos que pregam o evangelho que vivam do evangelho (1Coríntios 9:7-14).

Com isso, o apóstolo Paulo, inspirado pelo Espírito Santo, demonstra que há uma estreita conexão entre o modo usado no sustento dos levitas com o modo usado no sustento dos obreiros do Novo Testamento. O salário dos obreiros na nova dispensação é tão legítimo como o era o sustento dos levitas na antiga dispensação (18:1). Fica evidente, portanto, que os mesmos princípios quanto ao sustento da obra e dos obreiros devem ser observados na nova dispensação (Romanos 15:27).

Paulo, mesmo tendo esse direito, abriu mão dele por causa do evangelho (1Coríntios 9:15), mas recriminou mais tarde a atitude da igreja de Corinto por não pagar o seu salário, a que ele tinha direito: *Despojei outras igrejas, recebendo salário, para vos poder servir, e, estando entre vós, ao passar privações, não me fiz pesado a ninguém; pois os irmãos, quando vieram da Macedônia, supriram o que me faltava; e, em tudo, me guardei e me guardarei de vos ser pesado* (2Coríntios 11:8,9). E ainda acrescenta: *Porque, em que tendes vós sido inferiores às demais igrejas, senão neste fato de não vos ter sido pesado? Perdoai-me esta injustiça* (2Coríntios 12:13).

É preciso enfatizar, outrossim, que mesmo na antiga dispensação os dízimos tinham um propósito mais amplo do que meramente sustentar os levitas. Também deveriam assistir os pobres, as viúvas e os estrangeiros:

> *Ao fim de cada três anos, tirarás todos os dízimos do fruto do terceiro ano e os recolherás na tua cidade. Então, virão o levita (pois não tem parte nem herança contigo), o estrangeiro, o órfão e a viúva que estão dentro da tua cidade, e comerão, e se fartarão, para que o* Senhor, *teu Deus, te abençoe em todas as obras que as tuas mãos fizerem* (Deuteronômio 14:28,29).

De igual modo, na nova dispensação, os dízimos e ofertas são destinados não apenas ao sustento dos obreiros, mas também, e de igual modo, a socorrer os aflitos e necessitados na igreja (Atos 4:32-37; 11:27-30; Gálatas 2:10) e alavancar a obra missionária no mundo.

Hoje, muitas igrejas, no cumprimento de sua missão de pregar o evangelho e socorrer os necessitados, investem vultosas quantias em trabalhos sociais, como creches, asilos, escolas, hospitais e centros de recuperação de dependentes químicos. Tudo isso custa muito dinheiro. Quando a igreja é fiel na entrega dos dízimos e generosa nas ofertas, ela atende a todas essas demandas, pois o método estabelecido por Deus é suficiente para a igreja cumprir cabalmente a sua missão de pregação e ação social.

As demandas hoje são imensas, quando se trata também da expansão da igreja. A compra de terrenos, a construção de templos, o aluguel de salões para os cultos públicos, a manutenção dos lugares consagrados ao culto divino, tudo isso custa caro. A igreja não precisa nem deve lançar mão de expedientes estranhos às Escrituras para manter sua obra, como bazares, livro de ouro, churrascadas, bingos etc. O próprio Deus já estabeleceu o método de sustento de sua obra: dízimos e ofertas.

Eu não sou dizimista porque o dízimo era trazido ao templo e hoje nós somos o templo.

É verdade que o dízimo era trazido ao templo, onde havia um lugar reservado para o seu recolhimento (Malaquias 3:10), mas o dízimo não se destinava apenas ao sustento do templo; destinava-se também ao estrangeiro, ao órfão e à viúva (Deuteronômio 14:29). O dízimo era para o sustento de pessoas mais do que para a manutenção física de uma casa. É bem verdade que a negligência na entrega dos dízimos era desamparar a casa de Deus (Neemias 13:10-13), e isso significa descaso com o Deus da casa. Nos dias do profeta Ageu, o povo estava investindo todos os seus recursos na construção de suas casas luxuosas, enquanto o templo, a casa de Deus, estava em ruínas (Ageu 1:2-4). O profeta denuncia esse pecado de negligência do povo, que trazia para Deus apenas as sobras. Deus não aceita sobras. Ele não é Deus de resto. Ele exige primícias. O resto seria assoprado por Deus, e o salário que o povo recebesse seria colocado num saquitel furado (Ageu 1:6).

A ordem de Deus é clara: *Honra ao* SENHOR *com os teus bens e com as primícias de toda a tua renda; e se encherão fartamente os teus celeiros, e transbordarão de vinho os teus lagares* (Provérbios 3:9,10).

Hoje, nós, que cremos em Jesus, o Filho de Deus, somos o santuário do Espírito Santo (1Coríntios 3:16; 6:19), mas reunimo-nos em templos. E a construção e a manutenção desses templos precisam de recursos, e esses recursos são os dízimos e as ofertas.

Aqueles que dizem que a igreja primitiva não tinha templos, e que também não devemos tê-los, não fazem uma correta interpretação das Escrituras nem da história da igreja. Os cristãos primitivos não tinham templos não porque fossem contra a construção de templos, mas porque eram impedidos pela lei romana de construí-los. Somente no século 4 da era cristã é que esse embargo legal foi removido e então templos foram construídos. Todos os cristãos, doravante, passaram a construir templos para se reunirem, e isso custa dinheiro, mas Deus já providenciou a maneira correta desse sustento.

Mesmo aqueles que são contrários à construção de templos reúnem-se em algum lugar, como uma sala de um hotel, a sala de uma escola, um galpão alugado. Ora, não há aqui nenhuma diferença de mérito. Seria insensato negarmos a necessidade de um lugar seguro para nos reunirmos. Precisamos nos proteger do calor do dia e do frio da noite, do sol escaldante e da chuva torrencial. Precisamos nos proteger do barulho externo e também não perturbar o silêncio de nossos vizinhos. Quando nos reunimos num templo ou num salão alugado, o princípio permanece. Precisamos pagar essa conta, e os dízimos e as ofertas são o método de manutenção da casa de Deus, em qualquer lugar, em qualquer tempo. Os tempos mudam, mas a palavra de Deus permanece para sempre!

Eu não sou dizimista porque a não entrega dos dízimos acarretava maldição e Cristo se fez maldição por nós.

Quando a Bíblia diz que Cristo nos resgatou da maldição da lei, fazendo-se ele próprio maldição em nosso lugar (Gálatas 3:13), não está dizendo com isso que, doravante, ficamos imunes às consequências de nossos pecados, mas garantindo que aquele que está em Cristo encontra-se seguro nas mãos de Jesus, de onde ninguém pode arrebatá-lo (João 10:28). Nada nem ninguém pode nos separar do amor de Deus que está em Cristo Jesus, pois sua morte foi vicária. Ele morreu em nosso lugar. Fomos declarados justos diante do tribunal de Deus. Não pesa mais sobre nós, que estamos em Cristo, nenhuma condenação (Romanos 8:1).

Ele se fez maldição por nós, porque a maldição da lei que devia cair sobre nós, por não guardarmos os estatutos e preceitos divinos, caiu sobre ele. Jesus veio ao mundo como nosso fiador, representante e substituto. Ele não veio apenas para estar ao nosso lado; veio para estar em nosso lugar. Mesmo não conhecendo pecado, ele foi feito pecado por nós (2Coríntios 5:21). Mesmo sendo bendito eternamente, ele se fez maldição por nós (Gálatas 3:13). Mesmo não tendo pecado pessoal, carregou no seu corpo, no madeiro, os nossos pecados (1Pedro 2:24). Deus fez cair sobre ele a iniquidade de todos nós. *Ele foi traspassado pelas nossas transgressões e moído pelas nossas iniquidades* (Isaías 53:5). Ele sorveu, sozinho, todo o cálice amargo da ira de Deus, que deveria cair sobre nossa cabeça. Ele morreu a nossa morte. Sua morte foi vicária, substitutiva. De fato, na cruz, Jesus levou essa maldição!

Agora, porém, mesmo depois de salvos pela graça, não ficamos isentos das consequências graves da nossa desobediência aos preceitos de Deus. Quando um crente peca, seu pecado torna-se ainda mais grave, pois peca contra um maior conhecimento e contra o amor de Deus.

Aqueles que usam esse argumento para subtrair o dízimo revelam que o amor deles está no dinheiro. O dízimo é um símbolo. É um emblema da nossa fidelidade a Deus. Provamos que o dinheiro não tem poder sobre nós. Nosso coração está em Deus, que tudo nos dá para o nosso aprazimento (1Timóteo 6:17).

Precisamos compreender, à luz das Escrituras, quem somos e o que temos, para nos desmamar do amor ao dinheiro, a raiz de todos os males (1Timóteo 6:10). A palavra de Deus diz que viemos do pó e voltaremos ao pó (Gênesis 3:19). Nossa vida é um traço entre pó e pó. Ao vir do pó, *nada trouxemos para este mundo; ao voltar ao pó, nada levaremos deste mundo* (1Timóteo 6:7). O patriarca Jó testemunha: *Nu saí do ventre de minha mãe e nu voltarei* (Jó 1:21). Nós nunca tivemos nada, não temos nada e nunca teremos nada. Deus é o dono de tudo (Salmos 24:1). Somos apenas mordomos, ou despenseiros, de Deus (1Coríntios 4:1,2). Tomamos conta daquilo que pertence a Deus. O compromisso do mordomo é ser fiel ao seu senhor. Se o dono de tudo o que temos nas mãos para administrar é generoso, não podemos reter com usura o que é dele; antes, devemos repartir com generosidade. O maior problema que temos para entregar os dízimos de Deus e ofertar com generosidade é a síndrome de dono. Sempre que pensamos que somos o dono, vamos querer mais e mais para nós. Mas, quando entendemos que tudo é de Deus e que devemos ser fiéis a ele na administração dos seus bens, que estão sob nossa responsabilidade, então nosso coração estará apegado a Deus, e não ao dinheiro.

Eu não sou dizimista porque hoje a contribuição cristã deve ser voluntária, e não imposta como o dízimo.

Alguns pregadores defendem que temos duas contribuições na palavra de Deus: uma compulsória e outra voluntária. A contribuição para o governo é sempre compulsória, mas a contribuição para Deus é sempre voluntária. Será? Jesus disse: *Dai, pois, a César o que é de César e a Deus o que é de Deus* (Mateus 22:21). Onde está a diferença entre a contribuição a César e a Deus? Ambas são compulsórias! Quando entregamos o dízimo a Deus, estamos adorando-o por sua fidelidade; quando pagamos tributo ao governo, estamos dando a ele o que lhe é de direito (Romanos 13:7).

Aqueles que usam o texto de 2Coríntios 9:7, *Cada um contribua segundo tiver proposto no coração, não com tristeza ou por necessidade; porque Deus ama a quem dá com alegria*, para regulamentar a contribuição cristã em substituição aos dízimos cometem um sério equívoco hermenêutico. Paulo não estava tratando de dízimo, mas de uma oferta especial, levantada para atender os pobres da Judeia (Gálatas 2:10; 1Coríntios 16:1; 2Coríntios 8:1-5; 9:1). Uma oferta que seria feita e depois cessada. É bem verdade que os princípios ali colocados são permanentes e de forma alguma estão em contradição com o dízimo, pois falam de individualidade, de sistematicidade e de proporcionalidade.

Nenhum teólogo, pastor, igreja ou concílio tem autoridade ou competência para desautorizar uma ordem divina. Os dízimos e as ofertas não deixaram de vigorar porque este ou aquele líder religioso escreveu uma tese de doutorado contra eles e está ensinando que essa prática foi prescrita. Seja Deus verdadeiro, e mentiroso todo homem. *Seca-se a erva, e cai a sua flor, mas a palavra de nosso Deus permanece eternamente* (Isaías 40:8). A verdade de Deus não deixa de ser verdade porque é negada por uns e distorcida por outros.

Eu não sou dizimista porque o dízimo tem sido usado para enriquecer igrejas e pastores.

O fato de muitos obreiros inescrupulosos usarem de forma ardilosa esse ensino bíblico para se locupletarem não anula a verdade bíblica. A existência de um médico charlatão não desautoriza outro médico sério a exercer seu trabalho; assim também, o fato de existirem pastores lobos não significa que não existam pastores verdadeiros, que trabalham com integridade e transparência. Reprovamos toda artimanha espúria às Escrituras para arrecadar dinheiro. Rechaçamos os aproveitadores que debandam para a teologia da prosperidade para arrancar a lã das ovelhas. Rejeitamos os artifícios místicos dos roubadores do templo que transformam a casa de Deus em covil de salteadores. Repudiamos a prática daqueles líderes e igrejas que não são transparentes na prestação de contas de todos os haveres que entram na tesouraria da igreja. Mas reiteramos nossa plena confiança no ensino das Escrituras.

Pastores são homens chamados por Deus para apascentar os cordeiros de Cristo e pastorear suas ovelhas. Devem amar a Cristo, e não o dinheiro. Devem cuidar do rebanho de Cristo, e não explorá-lo. Devem servir às ovelhas de Cristo, e não se servirem delas. O ministério pastoral não é uma plataforma de enriquecimento pessoal. O pastor deve receber um salário digno da igreja para não ter que se envolver nos *negócios desta vida* (2Timóteo 2:4). Digno é o trabalhador do seu salário, e aqueles que servem ao altar, do altar devem tirar o seu sustento.

Portanto, dois graves erros precisam ser evitados. O primeiro deles é o pastor ser motivado por dinheiro. O apóstolo Paulo deu seu testemunho aos presbíteros de Éfeso: *De ninguém cobicei prata, nem ouro, nem vestes* (Atos 20:33). Um pastor jamais deveria escolher esta ou aquela igreja pelo salário oferecido a ele. Mudar desta para aquela igreja por causa do salário é uma motivação errada. O segundo erro é a igreja não pagar um salário digno ao seu pastor. O apóstolo Paulo fazia tendas para complementar seu salário sempre que as igrejas deixavam de pagar por completo seu salário (Atos 18:1-3; 20:34,35). Mas uma igreja que deixa de pagar dignamente o seu pastor torna-se inferior às demais igrejas que cuidam do seu pastor (2Coríntios 11:8,9; 12:13).

Eu não sou dizimista porque Jesus nunca mandou construir templos, e os dízimos são usados para essa finalidade.

A construção de templos não é uma necessidade vital, uma vez que Deus é espírito e não habita em casas feitas por mãos (Atos 17:24,25). Deus está em toda parte. Porém, Deus nunca nos proibiu de sermos prudentes. A igreja se reunia de casa em casa e no templo (Atos 2:46). Depois que a lei civil tornou possível a construção de templos, eles foram erguidos. Precisamos nos reunir, e isso implica espaço adequado.

Aqueles que são contrários à construção de templos reúnem-se em templos ou em salões alugados, e isso custa dinheiro. Aqueles que se opõem aos dízimos e usufruem seus benefícios são incoerentes. Aqueles que atacam a doutrina do dízimo e se beneficiam de seus resultados tropeçam em sua teologia e naufragam em sua ética.

Eu não sou dizimista porque o dízimo era o imposto para o sustento do Estado Teocrático de Israel e hoje, como pagamos o Imposto de Renda, estamos isentos dele.

Esse argumento tem sido usado por alguns homens de reconhecida reputação teológica, porém ele não procede. Israel nem sempre teve um regime teocrático. Depois do período dos juízes, Israel adotou a monarquia. Os tributos pagos aos governos civis eram diferentes dos dízimos trazidos à casa de Deus. Quando Salomão morreu, o povo foi a Roboão pedir o alívio dos impostos (1Reis 12:1-15). Nesse período, o povo pagava pesados tributos ao rei, mas continuava também entregando os dízimos para o sustento da casa de Deus. No período da restauração de Jerusalém, o povo pagava tributos ao rei da Pérsia (Neemias 5:1-4), mas também restaurou a entrega dos dízimos para o sustento dos levitas (Neemias 13:10-14). Jesus, nessa mesma linha de pensamento, diz: *Dai, pois, a César o que é de César e a Deus o que é de Deus* (Mateus 22:21). Portanto, o fato de hoje pagarmos Imposto de Renda ao governo não nos isenta de entregar, com fidelidade, os dízimos a Deus, na casa de Deus. O princípio permanece: devemos honrar a Deus com as primícias de toda a nossa renda (Provérbios 3:9) e pagar nossos tributos aos governantes (Romanos 13:7). Somos cidadãos de dois reinos e devemos fidelidade a Deus e também ao Estado.

Eu não sou dizimista porque em Mateus 23:23 Jesus estava condenando a hipocrisia dos escribas e fariseus, e não referendando o dízimo.

É verdade que Jesus estava denunciando a hipocrisia dos escribas e fariseus que faziam da entrega dos dízimos uma espécie de amuleto espiritual. Ostentavam sua observância criteriosa dos dízimos como um salvo-conduto para transgredir os principais preceitos da lei, que eram a justiça, a misericórdia e a fé.

A entrega dos dízimos não é uma prática ostentatória nem meritória. Se subestimar os dízimos é um erro, superestimá-lo também o é. A fidelidade da entrega dos dízimos não nos autoriza a viver relaxadamente nas outras áreas da vida cristã. A mordomia dos bens é apenas um dos pontos da vida cristã, e não o todo da vida cristã.

Há aqueles que ousam dizer que quando alguém é fiel na entrega dos dízimos nenhuma tragédia financeira lhe ocorre. Há alguns que, beirando a blasfêmia, chegam mesmo a afirmar que o patriarca Jó não era dizimista, pois, se o fosse, nem mesmo Deus poderia tocar em sua vida. Oh, que grande equívoco! Jó não sofreu revés em sua vida financeira por ser infiel a Deus. Essa foi a acusação injusta de seus amigos. Jó não enterrou seus filhos porque era culpado de transgressão. Jó não se tornou uma carcaça humana e uma ferida aberta por ter sonegado a Deus os dízimos. A Bíblia não tem nenhuma palavra sobre isso. Onde a Bíblia não tem voz, não deveríamos ter ouvidos. O que encontramos nas Escrituras é a afirmação peremptória de Deus de que Jó era o homem mais piedoso de sua geração (Jó 1:8; 2:3). Apesar disso, foi provado com a permissão divina. Quando os filhos de Deus, porém, são provados, não é para destruí-los, mas para fortalecê-los. Deus restaurou a sorte de Jó, e, no segundo estágio de sua vida, ele foi ainda mais próspero (Jó 42:10-16)!

O fato de Jesus ter condenado a hipocrisia dos escribas e fariseus quanto ao dízimo, não significa que ele condenou o dízimo. Há um ditado popular que diz: "Não jogue a criança fora com a água da bacia". Jesus corrigiu o desvio de conduta dos escribas e fariseus, mas sustentou a legitimidade do dízimo.

Eu não sou dizimista porque o ensino do Novo Testamento é que 100% é de Deus, e não apenas 10%.

Isso é a mais pura verdade. Tudo o que somos e temos em nossas mãos veio de Deus, é de Deus e deve estar a serviço de Deus. Mas esse é também o claro ensino do Antigo Testamento: *Ao Senhor pertence a terra e tudo o que nela se contém, o mundo e os que nele habitam* (Salmos 24:1). Sempre tudo foi, é e será de Deus. Nós nunca tivemos nada, não temos nada e não teremos nada. Não trouxemos nada nem levaremos nada (Jó 1:21; 1Timóteo 6:7). Tudo é de Deus. Nós somos apenas mordomos.

É muito importante entender que o dízimo não é uma soma matemática, mas um símbolo. Não é uma cifra, mas um emblema. Quando Deus requer do seu povo a devolução de 10%, está nos ensinando que ele quer não dinheiro, mas fidelidade. Até porque os 90% que ficaram em nossas mãos também pertencem ao Senhor. Deus não quer coisas, mas nosso coração. Não quer nosso sacrifício, mas nossa fidelidade. Se não conseguimos ser fiéis no pouco, como o seremos no muito? Se não conseguimos ser fiéis no que pertence a outrem, como o seremos naquilo que nos foi dado?

Quando Deus requer de nós o dízimo, não está tratando apenas com o sustento de sua obra; está tratando com o nosso coração. Podemos ilustrar essa verdade com a experiência de Abraão. Quando Deus pediu a Abraão para sacrificar Isaque, não era Isaque que Deus queria, mas Abraão. Deus não aceita sacrifícios humanos. Deus queria o coração de Abraão. Deus queria sua obediência. Assim, quando Deus requer do seu povo a entrega dos dízimos, a essência dessa exigência não tem a ver com dinheiro, pois Deus não precisa de dinheiro. Ele é o dono de todo o ouro e de toda a prata (Ageu 2:8). Dele é o mundo e todos os que nele habitam. Dele são os animais do campo, as riquezas dos mares e as da terra. A ele pertence os mundos estelares e todo o universo. O dízimo é, prioritariamente, uma questão de reconhecimento de que tudo pertence a Deus e que, como seus mordomos, precisamos ser fiéis na administração daquilo que ele nos confiou.

Eu não sou dizimista porque o ensino da Bíblia é que os tributos pagos ao governo são sempre compulsórios, mas a contribuição a Deus deve ser sempre voluntária.

Essa é uma frase de efeito, mas descalça de verdade bíblica. As Escrituras, tanto do Antigo como do Novo Testamentos, mostram o caráter imperativo da contribuição cristã. Os dízimos no Antigo Testamento não são sugeridos, mas ordenados. A inobservância era um pecado grave contra Deus, contra si mesmo e contra o próximo (Malaquias 3:8-12). No Novo Testamento, de igual modo, a palavra de Deus é fundamentada no dever, e não na voluntariedade (Mateus 23:23). Tentar amenizar o que Deus coloca como imperativo não é adotar uma interpretação sadia. Tornar os preceitos de Deus mais pesados é cair no laço do legalismo. Tornar os preceitos de Deus mais leves é cair no cipoal do liberalismo.

Jesus fez uma clara distinção entre tributos pagos ao governo e as ofertas entregues a Deus, quando disse: *Dai, pois, a César o que é de César e a Deus o que é de Deus* (Mateus 22:21). Neste versículo Jesus está ensinando que somos cidadãos de dois mundos. Somos cidadãos da terra e também dos céus. Temos compromissos com o governo e também com Deus. Ambos os compromissos são imperativos, e não voluntários. Não estamos isentos dos impostos por entregarmos o dízimo, nem estamos isentos do dízimo por pagarmos impostos. Sonegar impostos é desassistir o governo. Sonegar o dízimo é desamparar a casa de Deus. Sonegar impostos acarreta sanções ao transgressor. Sonegar os dízimos implica pecar contra Deus, contra nós mesmos e contra o próximo.

Eu não sou dizimista porque o argumento de que o dízimo é válido para hoje, por ter sido praticado por Abraão antes da

lei, cai por terra, uma vez que também Abraão foi circuncidado antes da lei e hoje não praticamos mais a circuncisão.

É verdade que Abraão entregou o dízimo antes da lei (Gênesis 14:20) e que foi circuncidado antes da lei (Gênesis 17:9-14). A circuncisão foi o selo da fé antes da outorga da lei. Assim escreveu o apóstolo Paulo:

> *E recebeu o sinal da circuncisão como selo da justiça da fé que teve quando ainda incircunciso; para vir a ser o pai de todos os que creem, embora não circuncidados, a fim de que lhes fosse imputada a justiça, e pai da circuncisão, isto é, daqueles que não são apenas circuncisos, mas também andam nas pisadas da fé que teve Abraão, nosso pai, antes de ser circuncidado* (Romanos 4:11,12).

A circuncisão era o sinal do pacto (Gênesis 17:9). Não era apenas um ritual físico, mas, sobretudo, espiritual. Porém, o Novo Testamento deixa clara a transição da circuncisão para o batismo. Assim Paulo escreveu:

> *Nele, também fostes circuncidados, não por intermédio de mãos, mas no despojamento do corpo da carne, que é a circuncisão de Cristo; tendo sido sepultados, juntamente com ele, no batismo, no qual igualmente fostes ressuscitados mediante a fé no poder de Deus que o ressuscitou dentre os mortos* (Colossenses 2:11,12).

Jesus foi circuncidado ao oitavo dia (Lucas 2:21), porque não veio para revogar a lei, mas para cumpri-la. Jesus é o fim da lei (Romanos 10:4). Aqueles que, como os judaizantes, achavam que a circuncisão era vital para a salvação estavam negando a graça (Atos 15:1,5). Porém, não há nenhuma revogação de Jesus da prática do dízimo. Antes, Jesus a sancionou (Mateus 23:23).

A colocação do dízimo na categoria de lei cerimonial é um erro hermenêutico. A lei cerimonial cessou, uma vez que era sombra do que havia de vir. Os sacrifícios, as festas, os rituais de purificação, tudo isso cumpriu-se em Cristo. Agora chegou a realidade, e não precisamos mais recorrer às sombras (Hebreus 10:1-4,12,14). O véu foi rasgado (Mateus 27:51), e em Cristo fomos feitos sacerdócio real (1Pedro 2:9). Todos temos livre acesso ao trono da graça (Hebreus 4:16). Não precisamos mais que nenhum mediador se interponha entre nós e Deus. Entre nós e Deus só existe um mediador, e este é Jesus (1Timóteo 2:5; João 14:6).

Se o dízimo fosse cerimonial, ele teria cessado e Jesus teria deixado isso claro quando tratou do assunto. Mas ele não o fez. Apenas reprovou a hipocrisia dos escribas e fariseus, que faziam do dízimo uma propaganda enganosa de sua falsa espiritualidade. Esses fanfarrões tocavam trombeta de sua estrita fidelidade na entrega do dízimo, mas negligenciavam os preceitos mais importantes da lei: a justiça, a misericórdia e a fé. Jesus deixa meridianamente claro que não podemos fazer propaganda de uma virtude para esconder a transgressão de outros mandamentos. A fidelidade na entrega do dízimo não blinda o crente. Não é uma armadura nem um escudo. A fidelidade na entrega do dízimo não é meritória. Não acumulamos pontos com Deus por ser fiéis na entrega do dízimo. Não temos o direito de ser injustos, descaridosos e incrédulos só porque entregamos fielmente o dízimo. O ensino de Jesus é: pratique a justiça, ame a misericórdia e exerça a fé e não se omita em ser fiel na entrega do dízimo.

Eu não sou dizimista porque no Novo Testamento o dízimo é sempre descritivo, e nunca prescritivo.

A palavra "dízimo" aparece sete vezes no Novo Testamento (Mateus 23:23; Lucas 11:42; 18:12; Hebreus 7:2; 7:4; 7:5; 7:8). Embora os textos sejam descritivos, não estão em oposição ao prescritivo, se levarmos em conta a unidade das Escrituras. O Novo Testamento não está em oposição ao Antigo Testamento. Concordo com Agostinho de Hipona, quando disse que o Novo Testamento está latente no Antigo, e o Antigo Testamento está patente no Novo. Não há qualquer mandamento explícito revogando a prática do dízimo no Novo Testamento. Ao contrário, Jesus condena não a prática do dízimo, mas a prática errada dele. Condena não o princípio, mas a inversão de valores dos escribas e fariseus, que faziam do dízimo uma espécie de salvo-conduto para viverem cheios de arrogância e orgulho espiritual. Jesus deixa claro que devemos guardar os preceitos principais da lei, como a justiça, a misericórdia e a fé, sem deixar de praticar o dízimo.

A epístola aos Hebreus nos informa que Abraão entregou o dízimo a Melquisedeque, um tipo de Cristo, antes da promulgação da lei mosaica. Mais tarde o dízimo foi estabelecido para o sustento dos sacerdotes, levitas, estrangeiros, órfãos e viúvas no sacerdócio levítico. Mesmo que o sacerdócio levítico tenha cessado, a prática do dízimo permanece, porque, como filhos de Abraão, entregamos o dízimo a Cristo, que não veio da linhagem de Levi, mas da ordem de Melquisedeque (7:14-17).

Eu não sou dizimista porque o apóstolo Paulo não orientou as igrejas a entregar os dízimos, mas orientou-as a ofertar.

Paulo não usou a palavra "dízimo" em suas epístolas, mas ensinou o seu princípio, quando diz que os obreiros no Novo Testamento devem ser sustentados da mesma forma que os levitas eram sustentados no Antigo Testamento (1Coríntios 9:1-14). Por outro lado, a prática do dízimo não dispensa os crentes de serem generosos nas ofertas. Os crentes devem semear com abundância na vida das pessoas, e isso não em substituição ao dízimo, mas além dele. Vemos nessa atitude o mistério do pobre e o mistério do rico. Quem tem mais deve repartir com quem tem menos. Os ricos devem ser generosos na prática de boas obras (1Timóteo 6:17,18). Usar, porém, a voluntariedade das ofertas, conforme ensinada nas epístolas aos Coríntios, em substituição ao dízimo, é não compreender o caráter específico daquela oferta levantada entre as igrejas gentílicas para socorrer os santos da Judeia, em situação de emergência (2Coríntios 8:1-4; 1Coríntios 16:1-4).

Reafirmamos, portanto, que, embora o apóstolo Paulo não tenha usado o termo "dízimo" em suas epístolas, ensinou os princípios do dízimo. Quando se trata do sustento dos obreiros, o apóstolo Paulo recorreu ao mesmo princípio do sustento dos levitas (1Coríntios 9:13,14). Quando falou das ofertas voluntárias para os pobres da Judeia, ensinou que elas precisam ser pessoais, metódicas e proporcionais (1Coríntios 16:1,2). Não são esses os mesmos princípios que regulamentam os dízimos?

Eu não sou dizimista porque os três tipos de dízimo do Antigo Testamento dificilmente encontram paralelos no Novo Testamento. Logo, não podem ter a mesma aplicação hoje.

A prática religiosa do Antigo Testamento era centrípeta, e a do Novo Testamento é centrífuga. No Antigo Testamento, tudo está centralizado no povo judeu, nos levitas, no templo, nas festas religiosas, nos estrangeiros, pobres, órfãos e viúvas. Para esses propósitos, as pessoas traziam os três tipos de dízimo. Hoje, a necessidade é muito mais ampla. A igreja hoje tem o compromisso de levar o evangelho ao mundo inteiro (Marcos 16:15; Mateus 28:18-20; Atos 1:8). Missionários precisam ser enviados a cada nação. Os mesmos cuidados sociais estão sob a responsabilidade da igreja: cuidar das viúvas (1Timóteo 5:3-16), cuidar dos pobres (1Timóteo 6:17-19), cuidar dos ministros (1Coríntios 9:11-14), cuidar da construção de templos, aluguel de salões de cultos, imprimir Bíblias e tantos outros desafios.

Aqueles que se opõem aos dízimos e ofertas são mui frequentemente lerdos em contribuir com a obra de Deus. Escondem-se atrás de suas evasivas para não revelar quanto o dinheiro os domina. Escondem-se atrás de supostas fortalezas doutrinárias para justificar sua omissão. Se todos os membros da igreja fossem como eles, as portas do templo seriam fechadas. Se dependessem de sua contribuição, os missionários precisariam abandonar seus campos. Se todos os crentes contribuíssem na mesma proporção deles, as Bíblias deixariam de ser impressas e a evangelização dos povos cessaria. Fica aqui o alerta: "Contribua de acordo com a sua renda, para que Deus não transforme a sua renda de acordo com a sua contribuição".

Aqueles que compreendem quão devedores são à graça de Deus se oferecem primeiro ao Senhor e depois colocam todos os recursos de Deus, sob sua responsabilidade, para alavancar a obra de Deus e assistir os necessitados (2Coríntios 8:5). Temos pressa. Temos urgência. Só podemos ganhar nossa geração nesta geração. Se nos omitirmos, seremos culpados.

Eu não sou dizimista porque Deus só aceita o que damos com voluntariedade e alegria.

É verdade que a obediência com voluntariedade e alegria é muito abençoadora. Porém, quem desobedece não fica isento de responsabilidade nem de punição. O dízimo é santo ao Senhor. Dízimo é dívida. Reter o dízimo é roubar a Deus, a nós e aos outros. Logo, devemos trazer o dízimo ainda que nosso coração não esteja sentindo. Não obedecemos apenas quando temos vontade de fazê-lo. Vivemos pela fé, e não pelos sentimentos. Nem sempre obedecemos por prazer. Às vezes, obedecemos por dever. Mas, quando obedecemos por dever, é melhor do que desobedecer. Nossas contas devem ser pagas ainda que estejamos privados de alegria. Não construímos templos com voluntariedade sem entrega. Não sustentamos missionários apenas quando sentimos vontade. Não sustentamos a obra de Deus apenas com boas intenções. As contribuições precisam ser regidas pelos princípios estabelecidos por Deus: individualidade, sistematicidade e proporcionalidade. A motivação (alegria) é o prazer de Deus, pois ele ama a quem dá com alegria (2Coríntios 9:7).

A alegria é a motivação de quem adora a Deus por quem ele é e dá graças a ele por aquilo que ele faz. É incompreensível um adorador comparecer perante o Deus de toda a graça sem alegria e gratidão. Culto é uma oferenda a Deus. Compareçamos perante ele para trazer nosso coração, nossa vida, nossa oferta. Deve existir uma sintonia entre a vida e a oferta, entre a motivação e a ação. Deveríamos ir ao gazofilácio não com tristeza, mas exultantes. Deveríamos ir ao gazofilácio com profunda gratidão, porque só damos a Deus daquilo que temos recebido dele. Esse foi o sentimento do rei Davi: ... *das tuas mãos to damos* (1Crônicas 29:14).

Eu não sou dizimista porque o dever da igreja é pagar suas contas, e isso pode ser feito com uma cota ou taxa estabelecida pelos membros.

Esse argumento é pragmático, mas não bíblico. Não temos autoridade para mudar os preceitos da palavra de Deus. Não podemos nos julgar mais sábios e práticos do que Deus. O sistema do dízimo não foi instituído por homens, mas por Deus. Não podemos acrescentar nem tirar nada das Escrituras. Não podemos alterar o que Deus estabeleceu. A palavra de Deus jamais fica obsoleta. Nunca caduca. Não precisa de revisão. Ela é inerrante e eterna.

A igreja não é um clube nem um condomínio, onde cada um paga sua taxa de utilização. A igreja não vive para si. Ela é uma comunidade de peregrinos que estão no caminho, indo por todo o mundo, fazendo discípulos de todas as nações (Mateus 28:18-20). Sua missão é glorificar a Deus, através da pregação do evangelho, do discipulado dos novos crentes e do pastoreio das ovelhas de Cristo. As igrejas que vivem para si mesmas, fechadas em si mesmas, como se fossem um condomínio fechado, ficam estagnadas. As igrejas, porém, que entendem que o seu chamado é para a multiplicação e que precisam ser testemunhas de Cristo aqui, ali e além-fronteiras ao mesmo tempo (Atos 1:8), precisam fazer robustos investimentos na obra. A obra missionária necessita de recursos, e aquele que ganha almas é sábio (Provérbios 11:30). Investir na obra missionária é investir numa causa de consequências eternas. Bens materiais ficarão aqui e serão entesourados para o fogo (2Pedro 3:1-12), mas o dinheiro que investimos na evangelização dos povos produzirá um resultado que transcende o tempo e refletirá na eternidade. Jim Elliot, o mártir do cristianismo pelos índios do Equador, estava certo ao dizer: "Não é tolo aquele que dá o que pode reter para ganhar o que não pode perder".

A imensa maioria das igrejas está estagnada. Essas igrejas não crescem, vegetam. Outras buscam apenas o seu conforto, num trabalho de manutenção, mas não se afligem com os perdidos que estão à sua porta. Há igrejas que só investem em si mesmas, empanturram-se, e se tornam culpadas porque não dizem para aqueles que perecem de fome que encontraram pão com fartura (2Reis 7:9). Há igrejas que são estéreis, não geram filhas espirituais. Não plantam outras igrejas. Passam anos e décadas, e elas apenas se mantêm; não se multiplicam, não alargam as fronteiras do reino de Deus. Oh, uma igreja que entende que o seu campo é o mundo e que a visão de Deus é o mundo inteiro é fiel na entrega dos dízimos e generosa nas ofertas, porque compreende que é parceira de Deus na obra gloriosa da implantação de seu reino na terra.

Eu não sou dizimista porque o dízimo é mais enfaticamente ensinado no Antigo Testamento do que no Novo Testamento.

A pergunta é: temos nós autoridade para mudar o que Deus estabeleceu? A palavra "dízimo", tanto no Antigo Testamento como no Novo Testamento, significa "a décima parte", representada pela fração de 1/10 ou pelo percentual 10%. Para que o dízimo cessasse no Novo Testamento, era necessária uma revogação explícita. Mas o que vemos é uma ratificação clara do dízimo (Mateus 23:23; Hebreus 7:8; 2Coríntios 9:11-14).

O dízimo era arrecadado por toda a "nação" de Israel. Era suficiente para manter os levitas (que eram os líderes espirituais da época) e ainda assistir as carências sociais da comunidade, atendendo os estrangeiros, os órfãos e as viúvas. Contudo, a igreja cristã vive num Estado laico e não tem receita suficiente para manter esse padrão de despesas usado no Antigo Testamento. E ainda existem os opositores a essa forma de adoração a Deus. Todavia, para você que não concorda com o dízimo e advoga que os argumentos não são convincentes para manter a mesma forma de arrecadação do Antigo Testamento ou pelo fato de isso ser algo restrito à antiga aliança, eu gostaria de dizer que não é só o Novo Testamento que é a palavra de Deus. Toda a Bíblia o é. Quando o apóstolo Paulo escreveu *Toda a Escritura é inspirada por Deus* (2Timóteo 3:16), estava se referindo ao Antigo Testamento. O dízimo é um claro ensino das Escrituras (Provérbios 3:9; Malaquias 3:10; Levítico 27:30-32; Números 18:21-32; Deuteronômio 14:22). Ora, existem muitas coisas que realizamos na igreja que surgiram no Antigo Testamento: o casamento, a família, o trabalho, o cuidado dos pobres, os Dez Mandamentos, o culto, o uso de instrumentos musicais no culto, a bênção de pai para filho, o templo, o dízimo. Ou vamos também discordar dessas outras coisas só porque estão no Antigo Testamento?

Diferentemente do que alguns pensam, no Novo Testamento também vemos a prática do dízimo mantida e citada por Jesus Cristo (Mateus 23:23; Marcos 12:41-44; Mateus 5:23,24). Como vemos, Jesus teve várias chances para discordar do dízimo e não o fez; pelo contrário, mostrou a maneira correta de praticá-lo. Os que dizem que o dízimo é da época da lei estão desinformados. A lei veio 430 anos depois de Abraão (Gálatas 3:16,17), e ele já era um dizimista (Gênesis 14:20; Hebreus 7:2,4). O dízimo retrocede à época da "Promessa" (período patriarcal), e não à época da lei (período mosaico)!

Eu não sou dizimista porque o que ganho é pouco e não sobra.

Esse argumento pressupõe que devemos entregar a Deus as sobras, e não as primícias. Dízimo não é sobra, mas primícias. A

Bíblia nos ensina a honrar a Deus com as primícias de toda a nossa renda (Provérbios 3:9). Deus não é Deus de sobras. Ele é a fonte de todo bem, e merece o primeiro, o melhor, as primícias.

A Bíblia nos ensina a trazer todos os dízimos. E esse mandamento não é apenas quando sobra. Deus é o nosso provedor, e devemos confiar mais no provedor do que na provisão. Vivemos pela fé. Portanto, devemos obedecer ao que Deus ordena e descansar no seu cuidado providente.

O profeta Ageu diz que, quando trazemos as sobras para Deus, ele as rejeita, porque não é Deus de resto. Ele as assopra e as dissipa (Ageu 1:9). O profeta Malaquias denunciou o povo que trazia para Deus os animais doentes e dilacerados (Malaquias 1:8,9). Isso é trazer o que não tem valor. É trazer a sobra. É entregar para Deus o que não nos custa nada nem tem valor para nós. Isso é oferecer o pior para Deus. Essa atitude é indigna de Deus. Desonra a Deus. Ofende o Deus todo-poderoso.

Os homens fiéis sempre separaram o melhor para Deus, ou seja, as primícias (Êxodo 23:19; 1Crônicas 29:16; Neemias 10:37). Maria, irmã de Marta, ofereceu para Jesus o que pôde, o seu melhor, e de forma sacrificial (Marcos 14:1-9). É bem verdade que ela foi duramente criticada pela liderança da igreja, mas no seu coração só havia um vetor, agradar a Jesus!

Hoje os cristãos gastam mais com cosméticos do que com o reino de Deus. Investem mais em coisas supérfluas do que na salvação dos perdidos. Gastamos mais com aquilo que perece do que com a evangelização do mundo. Quando acumulamos justificativas e desculpas para sonegar o dízimo, estamos revelando apenas que o reino de Deus não é nossa prioridade e que o nosso amor por Deus é menor do que o apego ao dinheiro. Jesus ensinou: *Não acumuleis para vós outros tesouros sobre a terra, onde a traça e a ferrugem corroem e onde ladrões escavam e roubam; mas ajuntai para vós outros tesouros no céu, onde traça nem ferrugem corroem, e onde ladrões não escavam, nem roubam; porque, onde está o teu tesouro, aí estará também o teu coração* (Mateus 6:19-21). Ainda o mestre dos mestres ordenou: *Buscai, pois, em primeiro lugar, o seu reino e a sua justiça, e todas estas coisas vos serão acrescentadas* (Mateus 6:33).

Quando dizemos que a razão de retermos o dízimo é que, se o entregarmos, vai nos faltar o básico, estamos permitindo que Satanás encha o nosso coração de incredulidade. É Deus quem cuida do seu povo. Dele vem a nossa provisão. Cabe-nos obedecer a Deus e deixar as consequências em suas mãos. Ele é fiel!

Eu não sou dizimista porque as igrejas não administram bem o dízimo.

A ordem de Deus para o seu povo é trazer todos os dízimos à casa do tesouro (Malaquias 3:10), mas Deus não nos constituiu juízes do dízimo. Aqueles que têm a responsabilidade de administrar os dízimos prestarão contas a Deus pela sua administração. Porém, não temos o direito de reter o dízimo porque discordamos da forma que a igreja o administra. Podemos e devemos acompanhar como os líderes de nossa congregação lidam com os dízimos. Podemos, à luz das Escrituras, exortar e admoestar uns aos outros (Romanos 15:14). Devemos ser submissos aos nossos líderes enquanto eles forem fiéis às Escrituras (Hebreus 13:17).

Por outro lado, é importante ressaltar que, quando levamos o dízimo ao gazofilácio, não estamos entregando o que é nosso. Estamos, na verdade, devolvendo o que é de Deus. Na verdade, não damos o dízimo; devolvemo-lo. Não entregamos o que é nosso, mas o alheio. Ao levarmos o dízimo ao gazofilácio, cumprimos nossa responsabilidade. Aqueles que são incumbidos de gerir os recursos são mordomos de Deus e devem ter responsabilidade nessa administração. Podemos até mesmo alertar aqueles que administram de fazê-lo com critério e transparência. Porém, se identificarmos falta de integridade na administração dos dízimos, então devemos confrontar a liderança. Se essa liderança não se arrepender, temos o dever de sair e buscar uma igreja que seja fiel às Santas Escrituras.

Reafirmamos que o nosso compromisso de obediência às autoridades constituídas da igreja vai apenas até o momento em que elas permanecerem fiéis à palavra de Deus. Se a liderança, depois de exortada, abandonar a palavra de Deus e usurpar os recursos que deveriam ser investidos na promoção do reino, é nossa responsabilidade abandonar essa igreja e buscar outra que ande de acordo com os preceitos divinos. Colocar-se sob a autoridade de pastores e líderes inescrupulosos, que de forma desonesta e avarenta se apropriam dos dízimos e ofertas para seu proveito próprio, como os filhos do sacerdote Eli faziam, é incorrer em desobediência ao próprio Deus.

Eu não sou dizimista porque já dou oferta e por isso estou dispensado do dízimo.

Esse argumento parece espiritual, mas não está de acordo com a Escritura. A Bíblia fala de dízimos e ofertas (Malaquias 3:8). São duas coisas distintas. Não podemos praticar uma e omitir a outra. Não há fidelidade parcial. Os mandamentos de Deus nos foram dados para os cumprirmos à risca.

O dízimo é dívida. Por isso, retê-lo é considerado roubo (Malaquias 3:8,9). Primeiro pagamos a dívida e, depois, ofertamos. Ofertar para ficar isento da dívida não é correto. Imagine se eu devesse dez mil reais ao banco. Eu não quero quitar a dívida, mas vou ao gerente do banco e levo para ele um presente no valor de dois mil reais, com a intenção de ficar isento da dívida. O gerente aceitaria isso? Seria isso legal? Seria ético? Seria aceitável? Obviamente não!

Não temos autorização para mudar os preceitos divinos, ainda que em nome das mais puras motivações. Não podemos limitar a contribuição cristã apenas às ofertas, nem podemos substituir o dízimo pelas ofertas. Dízimos e ofertas caminham lado a lado. O dízimo é a forma de Deus sustentar a sua casa e manter seus obreiros. As ofertas são um tributo de gratidão a Deus, para atender a necessidades especiais, em ocasiões especiais.

Eu não sou dizimista porque não sinto no coração o desejo de entregar o dízimo.

A vida do cristão não é dirigida por sentimentos. Vivemos pela fé, e não pelo que sentimos. Nossa norma de fé e conduta é a palavra de Deus, e não nossos sentimentos. A verdade não é privativa nem subjetiva. A verdade é universal e objetiva.

Na vida cristã, o fazer precede o sentir. Devemos obedecer ainda que nosso coração não esteja sentindo vontade. Muitas coisas fazemos, mesmo quando não temos desejo. Levantamo-nos de manhã para trabalhar, mesmo com o desejo de ficar um pouco mais na cama. Vamos à escola fazer uma prova, mesmo com vontade de nos ausentarmos dela. Tomamos um remédio amargo para tratar de uma enfermidade, mesmo que sem nenhuma vontade de tomá-lo. Compromisso, e não sentimento, é o que nos move. Dever, e não emoção, é o que nos impulsiona. A verdade, e não nossos sentimentos, é o que nos inspira. Obediência, e não emoção, é o vetor que nos move à ação. Não pagamos conta com sentimentos. Não fazemos o bem apenas tendo boa vontade.

O nosso coração é enganoso e assaz egoísta. Se dependermos de sentir para fazer, ficaremos limitados às emoções e viveremos no território ilusório das promessas vazias. Não fazemos a obra de Deus com emoções. Não construímos templos com sentimentos. Não sustentamos missionários com boas intenções. Obediência é o que Deus requer de nós. Ação é o que Deus exige de nós. O fundamento da fidelidade a Deus nos dízimos e a generosidade nas ofertas é uma questão de submissão à palavra, e não uma frágil inclinação da nossa vontade.

Eu não sou dizimista porque os pastores e as igrejas não são transparentes na administração do dinheiro.

Uma igreja séria não apenas recebe os dízimos e ofertas de seus membros, mas também presta contas de sua administração financeira a eles. Lamentavelmente, há igrejas que têm se transformado em empresas, transformando o evangelho num produto, o púlpito num balcão, o templo numa praça de negócios e os crentes em consumidores. O vetor que move esses líderes inescrupulosos é o lucro.

Devemos repudiar com veemência esses exploradores da fé. Devemos rechaçar com vigor essa prática vergonhosa. Não se planta igrejas como se abre uma franquia de negócios. A finalidade da igreja não é arrecadar dinheiro. O objetivo da igreja não é o lucro. A igreja é uma agência do reino de Deus. Jesus é seu fundamento, seu dono, seu edificador e seu protetor. A igreja vive para adorar a Deus, proclamar o evangelho e exercer misericórdia. Ela é abençoadora, e não exploradora. Ela está no mundo para servir, e não para usar mecanismos escusos para arrancar dinheiro das pessoas. A graça de Deus não pode ser comercializada. O evangelho não pode ser mercadejado (2Coríntios 2:17). Aquilo que recebemos de graça, devemos entregar de graça (1Coríntios 15:3,4).

Eu não sou dizimista porque há muitos pastores se enriquecendo com os dízimos e as ofertas.

É lamentável que muitos obreiros fraudulentos, avarentos e amantes do dinheiro usem o evangelho, torçam o evangelho e adulterem o conteúdo do evangelho para se locupletarem. Assim como há falsos profissionais em quaisquer áreas da vida, também há falsos pastores. Assim como há homens desonestos e dissimulados em todos os setores da sociedade, há também obreiros gananciosos que, em nome de Deus, ludibriam os incautos para os explorarem. Há pastores lobos que se aproximam das ovelhas não para apascentá-las, mas para devorá-las. Não para servi-las e protegê-las, mas para arrancar-lhes a lã e comer-lhes a carne (Ezequiel 34:1-10).

Um pastor comprometido com Deus e com sua palavra não é motivado pelo dinheiro (1Pedro 5:2). Sua vocação não passa pela sede do lucro. O dinheiro não é o seu Deus. Ele vive do ministério, mas não faz do ministério uma plataforma de enriquecimento.

Um pastor íntegro não age como dono da igreja, apropriando-se dos dízimos e ofertas para seu benefício pessoal (1Pedro 5:3). Ele deve receber um salário digno para servir a Deus e cuidar do seu povo, mas esses valores não são apropriados nem administrados por ele. Uma igreja séria, com pastores sérios, tem total transparência no trato do dinheiro. Qualquer membro da igreja pode ter acesso às contas da igreja. Há absoluta transparência de cada centavo que entra nos cofres da igreja e de cada centavo que é investido, onde é investido e por que é investido.

Eu não sou dizimista porque preciso cuidar primeiro das minhas coisas para depois investir na obra de Deus.

O dizimista fiel compreende que Deus é o dono de todo o ouro e de toda a prata. Deus não apenas é o dono de tudo, mas também o nosso provedor. Toda boa dádiva vem dele. Ele é quem nos dá o sol e a chuva, as estações do ano e os frutos da terra. Deus é quem nos dá saúde e inteligência para trabalharmos. Deus é quem nos dá a vida, a respiração e tudo o mais (Atos 17:25).

Devemos trazer a Deus as primícias de toda a nossa renda, e Deus promete fazer transbordar nossos celeiros e encher de vinho os nossos lagares (Provérbios 3:9,10). O profeta Ageu denunciou o povo de Israel que voltou do cativeiro e, em vez de construir a casa de Deus, voltou-se para construir suas próprias casas, deixando desamparada a casa do Senhor. O pouco que o povo trazia, Deus assoprava. O salário que o povo recebia, recebia-o para colocá-lo num saco furado.

Reter os dízimos e as ofertas é desamparar a casa de Deus. Reter os dízimos é colocar-nos em primeiro plano e relegar a casa de Deus a segundo plano. Reter os dízimos é afirmar que somos os donos, e não os mordomos, dos recursos que temos nas mãos. Reter os dízimos é dizer que Deus não é sábio o suficiente quando nos insta a trazer a ele as primícias de toda a nossa renda.

Eu não sou dizimista porque conheço muitos crentes que não pagam o dízimo e são ricos e outros que entregam o dízimo e são pobres.

Não basta apenas ser dizimista; é preciso ter a motivação correta. É ledo engano pensar que as bênçãos de Deus limitam-se apenas às coisas materiais. As pessoas mais ricas e mais felizes do mundo foram aquelas que abriram mão do que não podiam reter, para ganhar o que não podiam perder. Dízimo não é barganha nem negócio com Deus. Precisamos servir a Deus por quem ele é, e não pelo que vamos receber em troca. A prosperidade financeira sem Deus pode ser um laço. Um homem nunca é tão pobre como quando ele só possui dinheiro. O máximo que o dinheiro pode oferecer ao homem é um rico funeral. Riqueza sem salvação é a mais consumada miséria. O fascínio da riqueza sufoca a semente da palavra de Deus no coração humano.

Este argumento, portanto, tem em sua raiz graves mal--entendidos. O primeiro deles é que Deus nunca prometeu riqueza àqueles que são fiéis na entrega dos dízimos. Deus prometeu *abrir as janelas do céu e derramar bênçãos sem medida* (Malaquias 3:10). Deus prometeu *celeiros cheios e lagares transbordantes* (Provérbios 3:10). Embora as bênçãos na antiga aliança fossem medidas em termos materiais, isso não significava necessariamente riqueza, mas prosperidade. Nem todas as pessoas ricas são prósperas e nem todas as pessoas prósperas são ricas. Há ricos pobres e pobres ricos. A palavra de Deus diz: *Uns se dizem ricos sem terem nada; outros se dizem pobres, sendo mui ricos*

(Provérbios 13:7). O ensino da palavra de Deus é que *a bênção do* SENHOR *enriquece, e, com ela, ele não traz desgosto* (Provérbios 10:22). A riqueza em si mesma não satisfaz. O apóstolo Paulo escreveu: *Ora, os que querem ficar ricos caem em tentação, e cilada, e em muitas concupiscências insensatas e perniciosas, as quais afogam os homens na ruína e perdição* (1Timóteo 6:9). O cristão não vê a riqueza em termos de cifras, mas de satisfação interior. Ainda escreve Paulo: *De fato, grande fonte de lucro é a piedade com o contentamento. Porque nada temos trazido para o mundo, nem coisa alguma podemos levar dele. Tendo sustento e com que nos vestir, estejamos contentes* (1Timóteo 6:6-8). O contentamento do cristão não está no dinheiro. Paulo dá seu testemunho: *... porque aprendi a viver contente em toda e qualquer situação. Tanto sei estar humilhado como também ser honrado; de tudo e em todas as circunstâncias, já tenho experiência, tanto de fartura como de fome; assim de abundância como de escassez; tudo posso naquele que me fortalece* (Filipenses 4:11-13). O cristão mesmo pobre é muito rico: *Entristecidos, mas sempre alegres; pobres, mas enriquecendo a muitos; nada tendo, mas possuindo tudo* (2Coríntios 6:10).

O segundo mal-entendido é que o dízimo seja um negócio com Deus para nos enriquecermos. Quando cuidamos das coisas de Deus, ele cuida das nossas coisas. Jesus ordenou: *Buscai, pois, em primeiro lugar, o seu reino e a sua justiça, e todas estas coisas vos serão acrescentadas* (Mateus 6:33). Quando somos fiéis a Deus, ele promete suprir nossas necessidades. O rei Davi dá o seu testemunho: *Fui moço e já, agora, sou velho, porém jamais vi o justo desamparado, nem a sua descendência a mendigar o pão* (Salmos 37:25). O que Deus promete é multiplicar nossa sementeira, para continuarmos semeando generosamente: *Ora, aquele que dá semente ao que semeia e pão para alimento também suprirá e aumentará a vossa sementeira e multiplicará os frutos da vossa justiça; enriquecendo-vos, em tudo, para toda generosidade, a qual faz que, por nosso intermédio, sejam tributadas graças a Deus* (2Coríntios 9:10,11). O que a palavra de Deus nos ensina é sermos ricos para com Deus em vez de retermos tudo em nossas mãos com avareza. Jesus nos adverte:

Tende cuidado e guardai-vos de toda e qualquer avareza; porque a vida de um homem não consiste na abundância dos bens que ele possui. E lhes proferiu ainda uma parábola, dizendo: O campo de um homem rico produziu com abundância. E arrazoava consigo mesmo, dizendo: Que farei, pois não tenho onde recolher os meus frutos? E disse: Farei isto: destruirei os meus celeiros, reconstruí-los-ei maiores e aí recolherei todo o meu produto e todos os meus bens. Então, direi à minha alma: tens em depósito muitos bens para muitos anos; descansa, come, bebe e regala-te. Mas Deus lhe disse: Louco, esta noite te pedirão a tua alma; e o que tens preparado, para quem será? Assim é o que entesoura para si mesmo e não é rico para com Deus (Lucas 12:15-21).

O terceiro mal-entendido é julgarmos que os crentes dizimistas pobres não são abençoados como os não dizimistas ricos. Na dispensação da graça, nossas riquezas não são avaliadas apenas pelo critério de bens materiais, mas, sobretudo, pelas bênçãos espirituais. O apóstolo Paulo escreve: *Bendito o Deus e Pai de nosso Senhor Jesus Cristo, que nos tem abençoado com toda sorte de bênção espiritual nas regiões celestiais em Cristo* (Efésios 1:3). Todo aquele que está em Cristo já é abençoado com toda sorte de bênção espiritual. Já está assentado com Cristo nos lugares celestiais (Efésios 2:6). Agora somos filhos de Deus (1João 3:1), herdeiros de Deus e coerdeiros com Cristo (Romanos 8:16,17). Nossa pátria está no céu (Filipenses 3:20). Lá nos céus temos *uma herança incorruptível, sem mácula, imarcescível, reservada nos céus para* [nós] (1Pedro 1:4). Oh, quão ricos nós somos, não importa a quantidade de dinheiro que temos, onde moramos ou que roupa vestimos!

Eu não sou dizimista porque a igreja é rica e não precisa do meu dízimo.

O ensino claro das Escrituras é que o dízimo não é meu, mas de Deus. Portanto, meu dever é entregá-lo com fidelidade, como Deus me ordenou e onde Deus me ordenou.

Ainda perguntamos: será que temos tomado conhecimento das necessidades da igreja? Vislumbramos as possibilidades de investimento em prol do avanço da obra? Além do mais, o dízimo não é da igreja; é do Senhor. É ele quem o recebe (Hebreus 7:8).

Aqueles que compreendem a grandeza da obra, a imensidão da seara e urgência da missão, não encolhem as mãos para contribuir. Aqueles que investem nas causas de consequências eternas não sonegam o dízimo nem deixam de ofertar.

A pobreza de uma igreja consiste na miopia de sua visão, mais do que na escassez de recursos. Quando a igreja compreende que seu campo é o mundo, quanto mais recursos ela tem nas mãos, mais ela investe na obra missionária, e mais relevante ela se torna para a sociedade!

Eu não sou dizimista porque não concordo com o dízimo.

Temos o direito de discordar; só não temos o direito de escolher as consequências das nossas decisões. Quando discordamos do dízimo, estamos discordando da palavra de Deus que não pode falhar. Quando discordamos do dízimo, estamos indo contra a palavra dos patriarcas, dos profetas e, acima de tudo, do Senhor Jesus, que disse: *Dai, pois, a César o que é de César* [os tributos] *e a Deus o que é Deus* [os dízimos e as ofertas] (Mateus 22:21).

Talvez você argumente que está discordando da interpretação que fizemos do assunto, e não da palavra de Deus. Porém, rogo a você que se aproxime das Escrituras sem formulações preconcebidas. Não imponha ao texto suas conclusões prévias. Extraia do texto o que está nele. Examine cuidadosamente os textos do Antigo e do Novo Testamentos. A Bíblia interpreta a Bíblia. Há uma harmonia nas Escrituras. Elas falam por si mesmas.

Minha ardente oração é que você descubra o privilégio de ser um dizimista. Minha súplica a Deus é que você, que já é dizimista, renove seu compromisso de continuar sendo fiel ao Deus fiel. Que você seja um mordomo de Deus, pronto a colocar a serviço de Deus os recursos dele que estão sob sua administração.

CAPÍTULO 3

A restauração espiritual e sua relação com os dízimos

Hernandes Dias Lopes

O PROFETA MALAQUIAS PROFETIZOU para a segunda geração pós-cativeiro. O povo voltou do cativeiro da Babilônia, mas não se libertou do cativeiro espiritual. O povo estava em Jerusalém, mas o coração não estava colocado em Deus. Chamava Deus de Pai, mas não honrava a Deus como Pai (Malaquias 1:6). Os sacerdotes não ensinavam ao povo a lei de Deus (Malaquias 2:7-9). As pessoas iam ao templo, mas consideravam o culto uma canseira (Malaquias 1:13). O povo trazia ofertas para Deus, mas não eram ofertas excelentes (Malaquias 1:8,9). Os jovens se casavam, mas os homens não honravam o casamento nem eram fiéis ao cônjuge (Malaquias 2:10-16). Malaquias conclama o povo a voltar-se para Deus e a trazer os dízimos à casa de Deus. Malaquias convoca a nação à restauração espiritual (Malaquias 3:6-12).

A RESTAURAÇÃO ESTÁ FUNDAMENTADA NO CARÁTER IMUTÁVEL DE DEUS

O profeta Malaquias escreve: *Porque eu, o* SENHOR, *não mudo; por isso, vós, ó filhos de Jacó, não sois consumidos* (Malaquias 3:6). Malaquias destaca três verdades importantes aqui, na consideração deste assunto:

Em primeiro lugar, *Deus é imutável em seu ser.* Deus é o mesmo sempre. Ele não tem começo nem fim. É o mesmo ontem, hoje e o será para sempre. Nele não há variação nem sombra de mudança. Deus não tem picos de crise. Seu amor por nós não passa por baixas. Não podemos fazer nada para Deus nos amar mais nem deixar de fazer coisa alguma para Deus nos amar menos. Seu amor por nós é eterno, contínuo e incondicional. A causa do amor de Deus por nós está nele mesmo.

Em segundo lugar, *Deus é imutável em relação à sua aliança conosco.* Deus é leal ao compromisso que assume. Como filhos de Jacó, trazemos suas marcas, somos inconstantes. Mas, ainda que sejamos infiéis, Deus não nega a si mesmo. Mesmo quando somos infiéis, Deus permanece fiel (2Timóteo 2:13). Ele prometeu ser o nosso Deus para sempre. Ele prometeu nunca nos abandonar. Ele nos disciplina e nos corrige, mas jamais nos destrói.

Em terceiro lugar, *a imutabilidade de Deus é a nossa segurança.* A imutabilidade divina é a causa de não sermos destruídos. Se Deus nos tratasse segundo os nossos pecados, estaríamos arruinados. A nossa inconstância não abala a imutabilidade de Deus. Seu amor perseverante é que nos dá garantia da salvação. A segurança da salvação não está estribada em nós, mas em Deus; não se apoia no frágil bordão da nossa instabilidade, mas no rochedo firme da imutabilidade divina.

A RESTAURAÇÃO ESTÁ DISPONÍVEL MEDIANTE UM CONVITE GRACIOSO DE DEUS.

Malaquias relembra ao povo sua inclinação histórica para o desvio de Deus: *Desde os dias de vossos pais, vos desviastes dos meus estatutos e não os guardastes; tornai-vos para mim, e eu me tornarei para vós outros, diz o* SENHOR *dos exércitos; mas vós dizeis: Em que havemos de tornar?* (Malaquias 3:7). O profeta Malaquias destaca quatro verdades fundamentais nesse convite gracioso de Deus:

Em primeiro lugar, *a paciência perseverante do restaurador. Desde os dias de vossos pais, vos desviastes dos meus estatutos e não os guardastes* (Malaquias 3:7). A geração de Malaquias estava no mesmo curso de desvio e desobediência dos seus pais. Apesar desse doloroso fato, Deus não desiste do seu povo nem desiste do direito que tem de chamá-lo ao arrependimento e de atraí-lo com cordas de amor. Deus o chama à restauração, apesar de tantos anos de apostasia e rebeldia.

Em segundo lugar, *o profundo anseio do restaurador. Tornai-vos para mim* (Malaquias 3:7). Deus não quer apenas uma volta a determinados ritos sagrados, a uma religiosidade formal. Ele quer comunhão, relacionamento, por isso diz: *Tornai-vos para mim*. O cristianismo é mais do que um credo; é comunhão com uma pessoa, a pessoa bendita do Deus eterno. É um relacionamento vivo com o Deus vivo. A palavra "tornar" significa arrepender-se, mudar de rumo e seguir na direção oposta.[1]

Em terceiro lugar, *a dinâmica relacional do restaurador. E eu me tornarei para vós outros, diz o* SENHOR *dos exércitos* (Malaquias 3:7). Se nós queremos que Deus se volte para nós, devemos nos voltar para ele, porque fomos nós que mudamos, e não Deus; ele é imutavelmente o mesmo.[2] Quando nos voltamos para Deus, o Deus da aliança, encontramos sempre os seus braços abertos, o beijo do seu perdão e a festa da reconciliação. Quando o povo de Deus se volta para ele em penitência, Deus se torna para seu povo em bênçãos e prosperidade.[3]

Deus procura adoradores, e não adoração. Deus quer a nós, mais do que o nosso culto, o nosso serviço. Antes de Deus requerer o dízimo, ele requer o coração. Antes de Deus ordenar para trazer os dízimos, Deus ordena para trazer a vida.

---

[1] WOLF, Herbert. *Ageu e Malaquias*. Vida Publishers, Miami, FL, 1986, p. 112.

[2] MOORE, Thomas V. *A Commentary on Haggai and Malachi*, 1960, p. 162.

[3] FEINBERG, Charles L. *Os Profetas Menores*, 1988, p. 343; MOORE, Thomas V. *A Commentary on Haggai and Malachi*, 1960, p. 158.

Os escribas e fariseus do tempo de Jesus eram extremamente zelosos na entrega dos dízimos. Eles davam até mesmo o dízimo das hortaliças. Mas Jesus os denunciou como hipócritas, porque davam o dízimo da hortelã, do endro, e do cominho, mas negligenciavam os preceitos principais da lei: a *justiça, a misericórdia e a fé* (Mateus 23:23). Os escribas e fariseus transformaram a religião num conjunto intérmino de rituais e deixaram de ter um relacionamento vivo e íntimo com Deus. Os escribas e fariseus superestimaram o dízimo, pensando que, ao devolverem-no com fidelidade, podiam negligenciar o aspecto relacional da fé. Mas o princípio bíblico é que o coração precisa vir primeiro para Deus; depois o bolso virá naturalmente. Jesus expressou isso claramente ao dizer que *onde está o vosso tesouro, aí também estará o vosso coração* (Mateus 6:21). Se você ama a Deus, não terá nenhuma dificuldade de ser um dizimista fiel.

Em quarto lugar, *a insensibilidade espiritual dos que são chamados à restauração. Mas vós dizeis: Em que havemos de tornar?* (Malaquias 3:7). Pior do que o pecado, é a insensibilidade a ele. Pior do que a transgressão, é a falta de consciência dela. A cauterização e a anestesia da consciência são estágios mais avançados da decadência espiritual.

A RESTAURAÇÃO PASSA PELA FIDELIDADE NA ENTREGA DOS DÍZIMOS.

Há uma estreita conexão entre vida espiritual e mordomia dos bens. A única entidade que Jesus chamou de "senhor" foi a riqueza. Ninguém pode servir a dois senhores, a Deus e às riquezas. O dinheiro é mais do que uma moeda; *é um ídolo*. Mamom é o maior senhor de escravos do mundo. Por causa do dinheiro, muitos mentem, roubam, matam e morrem. Por causa do dinheiro, muitos se corrompem e são corrompidos. *O amor ao dinheiro é a raiz de todos os males* (1Timóteo 6:10). Por causa desse amor, muitos chegam até mesmo a reter os dízimos, que são santos ao Senhor (Levítico 27:30-32). O profeta Malaquias escreve:

> *Roubará o homem a Deus? Todavia, vós me roubais e dizeis: Em que te roubamos? Nos dízimos e nas ofertas. Com maldição sois amaldiçoados, porque a mim me roubais, vós, a nação toda. Trazei todos os dízimos à casa do tesouro, para que haja mantimento na minha casa; e provai-me nisto, diz o* SENHOR *dos exércitos, se eu não vos abrir as janelas do céu e não derramar sobre vós bênção sem medida* (Malaquias 3:8-10).

Precisamos entender alguns aspectos importantes sobre a questão do dízimo. Esse é um tema claro nas Escrituras. Muitas pessoas, por desconhecimento, têm medo de ensinar sobre esse importante tema. Outros, por ganância, fazem dele um instrumento para extorquir os incautos. Ainda outros, por desculpas infundadas, sonegam-no, retém-no e se apropriam dele indevidamente. O povo de Deus, que fora restaurado por Deus, agora estava roubando a Deus nos dízimos e nas ofertas.

Vejamos alguns pontos importantes sobre o dízimo:

Em primeiro lugar, *o dízimo é um princípio estabelecido pelo próprio Deus*. A palavra "dízimo", *maaser* (hebraico) e *dexatem* (grego) significa dez por cento de alguma coisa ou de algum valor.[4] O dízimo não é uma cota de 1% nem de 9%; o dízimo, como a própria palavra diz, é a décima parte de tudo o que o homem recebe (Gênesis 14:20; Malaquias 3:10).[5] O dízimo não é invenção da igreja; é princípio perpétuo estabelecido por Deus. O dízimo não é dar dinheiro à igreja; é ato de adoração ao Senhor. O dízimo não é opcional; é mandamento. Não é oferta; é dívida. Não é sobra; é primícia. Não é um peso; é uma bênção.

Como já enfatizamos, o dízimo é ensinado em toda a Bíblia: antes da lei (Gênesis 14:20), na lei (Levítico 27:30), nos

---

[4] TEIXEIRA, Ivonildo. *Finanças com propósito*. Belo Horizonte: Editora Atos, 2003, p. 91.
[5] TEIXEIRA, Ivonildo. *Chega! Mendigo jamais*. Águia Editora, Vila Velha, ES, Brasil, 2005, p. 28.

Livros históricos (Neemias 12:44), nos Livros poéticos (Provérbios 3:9,10), nos Livros proféticos (Malaquias 3:8-12) e também no Novo Testamento (Mateus 23:23; Hebreus 7:8). O dízimo não é uma questão meramente financeira, mas sobretudo espiritual. O bolso revela o coração. Durante o reinado de Ezequias, houve um grande despertamento espiritual, e o resultado foi a dedicação de dízimos e ofertas ao Senhor (2Crônicas 31:5,12,19). Sempre que o povo de Deus se volta para o Senhor com o coração quebrantado, os dízimos são devolvidos.

Em segundo lugar, *o dízimo é santo ao Senhor* (Levítico 27:32). Quando o rei Belsazar usou as coisas santas do templo de Deus para o seu próprio deleite, o juízo divino caiu sobre ele (Daniel 5:22-31). Quando Acã apanhou o que eram as primícias para Deus (Josué 6:18,19) e as escondeu debaixo da sua tenda, o castigo de Deus veio sobre ele (Josué 7:1).

Em terceiro lugar, *o dízimo faz parte do culto*. A entrega dos dízimos fazia parte da liturgia do culto. *A esse lugar fareis chegar os vossos holocaustos, e os vossos sacrifícios, e os vossos dízimos* (Deuteronômio 12:6). A entrega dos dízimos é um ato litúrgico, um ato de adoração que deve fazer parte do culto do povo de Deus.

Em quarto lugar, *o dízimo é para o sustento da casa de Deus. Aos filhos de Levi dei todos os dízimos em Israel por herança, pelo serviço que prestam, serviço da tenda da congregação* (Números 18:21). O dízimo é o recurso que Deus estabeleceu para o sustento de pastores, missionários, obreiros, aquisição de terrenos, construção de templos, compra de literatura, assistência social, bem como toda a manutenção e extensão da obra de Deus sobre a terra. Se no judaísmo os adoradores traziam mais de dez por cento de tudo que recebiam para a manutenção da casa de Deus e dos obreiros de Deus, bem como para atender às necessidades dos pobres, muito mais agora, que a igreja tem o compromisso de fazer discípulos de todas as nações.

Em quinto lugar, *pecados graves quanto ao dízimo*. Malaquias denuncia alguns pecados graves quanto ao dízimo que estavam sendo cometidos pelo povo:

O primeiro pecado *é reter o dízimo. Roubará o homem a Deus? Todavia, vós me roubais e dizeis: Em que te roubamos? Nos dízimos e nas ofertas* (Malaquias 3:8). Joyce Baldwin diz que o verbo "roubar", *qaba*, é raro no Antigo Testamento, mas bem conhecido na literatura talmúdica como "tomar à força".[6] O povo estava roubando a Deus: 1) trazendo ofertas indignas (Malaquias 1:13); 2) oprimindo os pobres (Malaquias 3:5); 3) retendo os dízimos (Malaquias 3:8). A palavra "roubar", portanto, significa tomar à força, ou seja, é uma espécie de assalto intencional, planejado e ostensivo. A única vez que esse verbo aparece novamente é em Provérbios 22:23 para descrever o *despojamento* do pobre. Reter o dízimo santo ao Senhor é uma insensatez, pois ninguém pode roubar a Deus impunemente.

Tentar defraudar a Deus é defraudar a si mesmo,[7] pois tudo que temos pertence a Deus: nossa vida, família e bens. Não é sensato reter o dízimo de Deus. Não é seguro retermos o que é de Deus para o nosso sustento. Deus é o criador, provedor e protetor, por isso devemos depender dele mais do que dos nossos próprios recursos. Nossa confiança precisa estar no provedor, mais do que na provisão. Nenhum homem jamais perdeu alguma coisa por servir a Deus de todo o coração, ou ganhou qualquer coisa servindo a ele com o coração dividido, diz Thomas V. Moore.[8] Diante da sonegação dos dízimos, o Senhor lembra-lhes que estavam, na realidade, roubando a si próprios, pois o resultado de tal atitude era o fracasso das colheitas.[9]

---

[6] BALDWIN, Joyce G. *Ageu, Zacarias e Malaquias*. São Paulo: Vida Nova, 1972, p. 206.

[7] MOORE, Thomas V. *A Commentary on Haggai and Malachi*, p. 162.

[8] MOORE, Thomas V. *A Commentary on Haggai and Malachi*, p. 162.

[9] ELLISEN, Stanley A. *Conheça melhor o Antigo Testamento*, p. 347.

Dionísio Pape afirma que quem rouba a Deus não é capaz de amá-lo.[10] Na verdade, sonegar o dízimo é atuar com dolo, e essa *é uma maneira estranha de exprimir gratidão a Deus, diz Herbert Wolf*.[11] Como diz o profeta Ageu, reter o dízimo é colocar o salário num saquitel furado (Ageu 1:6). Jamais uma pessoa prosperará retendo o dízimo de Deus, pois a Bíblia diz que reter mais do que é justo é pura perda (Provérbios 11:24). Reter o dízimo é uma clara demonstração de amor ao dinheiro, e a Bíblia diz que *o amor ao dinheiro é a raiz de todos os males* (1 Timóteo 6:10). Reter o dízimo é desconfiar da providência divina, é um ato de incredulidade e infidelidade àquele que nos dá a vida, a saúde, o sustento e a própria vida eterna. Reter o dízimo é roubar a Deus de forma ostensiva e abusiva. Reter o dízimo é desamparar a casa de Deus (Deuteronômio 26:14).

Thomas V. Moore diz que, se quisermos ter os tesouros de Deus abertos, precisamos abrir os nossos próprios tesouros (Malaquias 3:10,11).[12] Corações inteiros e mãos abertas abrem sobre nós as janelas dos céus e disponibilizam para nós os inesgotáveis recursos de Deus.

Malaquias fala não apenas do dízimo, mas também das ofertas. Eram as partes dos sacrifícios separados para os sacerdotes (Êxodo 29:27,28; Levítico 7:32; Números 5:9). Elas tinham também uma finalidade especial (Êxodo 25:2-7). Quando ninguém trazia ofertas, os levitas não tinham outra opção senão desistir do seu ministério e ganhar o seu sustento na agricultura, diz Baldwin.[13]

O segundo pecado é subtrair o dízimo. A Bíblia ordena: *Trazei todos os dízimos* (Malaquias 3:10). O dízimo é integral. Muitas pessoas pensam que podem enganar a Deus quando estão preenchendo o cheque do dízimo. Elas colocam um valor muito inferior ao que representa os dez por cento estabelecidos pelo Senhor.

---

[10] PAPE, Dionísio. *Justiça e esperança para hoje*. São Paulo: ABU, 1983, p. 136.
[11] WOLF, Herbert. *Ageu e Malaquias*, p. 113.
[12] MOORE, Thomas V. *A Commentary on Haggai and Malachi*, p. 162.
[13] BALDWIN, Joyce G. *Ageu, Zacarias e Malaquias*, p. 206-207.

Pelo fato de enganarem a igreja, pensam que também enganam o Senhor da igreja. Deus não precisa de dinheiro, pois dele é o ouro e a prata (Ageu 2:8). Deus não precisava da árvore da ciência do bem e do mal no jardim do Éden; Deus queria a fidelidade de Adão. Deus não precisava do sacrifício de Isaque; ele queria a obediência de Abraão. Assim também, Deus não precisa de dinheiro; ele requer a fidelidade do seu povo. Deus viu Ananias e Safira escondendo parte da oferta e os puniu por isso. Podemos nós enganar aquele que tudo vê? O dízimo é para o sustento da casa de Deus. Os levitas e os sacerdotes viviam dos dízimos. Os pobres eram amparados com os dízimos (Deuteronômio 14:28,29). Devemos trazer todos os dízimos à casa do tesouro.

O terceiro pecado é administrar o dízimo. A Bíblia ensina: *Trazei todos os dízimos à casa do tesouro* (Malaquias 3:10). Não temos o direito de mudar uma ordem do Senhor (Deuteronômio 12:11). Não podemos fazer o que bem entendemos com o que é de Deus. Não somos chamados a administrar o dízimo nem sermos juízes dele, mas a devolvê-lo ao seu legítimo dono. Deus mesmo já estabeleceu em sua Palavra que o dízimo deve ser entregue em sua casa. Há pessoas que repartem o dízimo para várias causas: enviam dois por cento a uma igreja necessitada. Remetem três por cento para uma obra social. Ajudam um missionário com mais dois por cento e, depois, entregam três por cento à igreja, onde frequentam. Essa prática está errada. Não temos o direito de administrar o dízimo. Há pessoas, ainda, que frequentam uma igreja e entregam todo o dízimo em outra. Isso é a mesma coisa que jantar num restaurante e pagar a conta em outro. Se queremos ajudar uma causa, devemos fazê-lo com o que nos pertence, e não com o dízimo do Senhor. Este deve ser trazido integralmente à casa do tesouro. A casa do tesouro era uma expressão que designava os celeiros, ou armazéns, a tesouraria do templo, amplos salões em que se colocavam os dízimos (1Reis 7:51).[14]

---

[14] WOLF, Herbert. *Ageu e Malaquias*, p. 114.

O quarto pecado é subestimar o dízimo. Eles perguntavam: *Em que te roubamos?* (Malaquias 3:8). Eles pensavam que o dízimo era um assunto sem importância. Sonegavam o dízimo e julgavam que essa prática não os afetava espiritualmente. A nossa negligência e a dureza do nosso coração em reconhecer o nosso pecado não atenuam a nossa situação. O que pensamos sobre dada situação não a altera aos olhos de Deus. A verdade de Deus é imutável, e isso não depende do que venhamos a pensar acerca dela. A geração de Malaquias não apenas sonegava o dízimo, mas não sentia por isso nenhuma culpa. Eles pecaram e ainda justificaram o seu pecado.

A RESTAURAÇÃO TRAZ BÊNÇÃOS SINGULARES DE DEUS

O profeta Malaquias aponta quatro bênçãos que acompanham a restauração divina sobre aqueles que são fiéis nos dízimos e nas ofertas:

Em primeiro lugar, *as janelas abertas do céu. Trazei todos os dízimos à casa do tesouro, para que haja mantimento na minha casa; e provai-me nisto, diz o* Senhor *dos exércitos, se eu não vos abrir as janelas do céu...* (Malaquias 3:10). É lá do alto que procede toda boa dádiva. Deus promete derramar sobre os fiéis torrentes caudalosas das suas bênçãos. Baldwin diz que as comportas dos céus, que se abriram para a chuva durante o dilúvio (Gênesis 7:11), "choverão" uma sequência superabundante de presentes, quando Deus mandar.[15] É bênção sobre bênção, é bênção sem medida. É abundância. É fartura. Mais vale noventa por cento com a bênção do Senhor do que cem por cento sob a sua maldição. Janelas abertas falam não apenas de bênçãos materiais, mas de toda sorte de bênção espiritual. Nós precisamos evitar dois extremos: a teologia da prosperidade e a teologia da miséria. A teologia da prosperidade limita as bênçãos de Deus ao terreno material; a

---

[15] Baldwin, Joyce G. *Ageu, Zacarias e Malaquias*, p. 207.

teologia da miséria não enxerga a bênção de Deus nas suas dádivas materiais.

Em segundo lugar, *as bênçãos sem medida de Deus. ... e não derramar sobre vós bênção sem medida* (Malaquias 3:10). *A bênção do* SENHOR *enriquece, e, com ela, ele não traz desgosto* (Provérbios 10:22). A Bíblia diz que *o que plantamos, isso também colhemos* (Gálatas 6:7). Mas colhemos sempre mais do que plantamos. *O que semeia com fartura com abundância também ceifará* (2Coríntios 9:6). A promessa de Deus é: *Dai, e dar-se-vos-á; boa medida, recalcada, sacudida, transbordante, generosamente vos darão; porque com a medida com que tiverdes medido vos medirão também* (Lucas 6:38). Deus promete literalmente fazer prosperar a quem dá com liberalidade (2Coríntios 9:6-11): *A quem dá liberalmente, ainda se lhe acrescenta mais e mais; ao que retém mais do que é justo, ser-lhe-á em pura perda. A alma generosa prosperará, e quem dá a beber será dessedentado* (Provérbios 11:24,25).

Em terceiro lugar, *o devorador repreendido. Por vossa causa, repreenderei o devorador, para que não vos consuma o fruto da terra; a vossa vide no campo não será estéril, diz o* SENHOR *dos exércitos* (Malaquias 3:11). Deus não age apenas ativamente derramando bênçãos extraordinárias, mas também inibe, proíbe e impede a ação do devorador na vida daqueles que lhe são fiéis. Alguém, talvez, possa objetar dizendo que há muitos crentes não dizimistas que são prósperos financeiramente, enquanto há dizimistas que enfrentam sérias dificuldades econômicas. Contudo, a riqueza sem fidelidade pode ser maldição, e não bênção. Também as bênçãos decorrentes da obediência não são apenas materiais, mas toda sorte de bênção espiritual em Cristo Jesus (Efésios 1:3). O apóstolo Paulo diz que *grande fonte de lucro é a piedade com o contentamento*, enquanto afirma que *os que querem ficar ricos caem em tentação, e cilada, e em muitas concupiscências insensatas e perniciosas, as quais afogam os homens na ruína e perdição* (1Timóteo 6:6,9). A maldição do devorador não se quebra com ritos místicos nem com oração e jejum, mas enfiando a mão no bolso e devolvendo a Deus o que a ele pertence, os dízimos e as ofertas.

Em quarto lugar, *uma vida feliz*. *Todas as nações vos chamarão felizes, porque vós sereis uma terra deleitosa, diz o* SENHOR *dos exércitos* (Malaquias 3:12). Há grande alegria na obediência a Deus. Quando a igreja é fiel, a casa de Deus é suprida, a obra de Deus cresce, o testemunho da igreja resplandece, os povos conhecem o Senhor e a glória de Deus resplandece entre as nações. Ser cooperador com Deus é fazer um investimento para a eternidade (1Coríntios 3:9). Muitos estão investindo em projetos que não terão nenhuma consequência eterna. Onde você está ajuntando tesouros? Onde está colocando suas riquezas? Onde você tem o seu coração? O dinheiro do Senhor que está em suas mãos tem sido devolvido para o sustento da obra de Deus? Investir apenas neste mundo é ajuntar combustível para o fogo (2Pedro 3:10).

Concluímos dizendo que Deus chama o seu povo a fazer prova dele. O Senhor nos exorta a fazer prova dele quanto a esta matéria: *... e provai-me nisto, diz o* SENHOR *dos exércitos* (Malaquias 3:10). Deus não quer obediência cega, mas fidelidade com entendimento. O dinheiro é uma semente. Quando você semeia com fartura, colhe com abundância. Na verdade, você tem o que dá, e perde o que retém. A semente que se multiplica não é a que você come, mas a que você semeia. Jesus disse que *mais bem-aventurado é dar que receber* (Atos 20:35). Quando você oferta, Deus multiplica a sua sementeira.

Deus propõe-nos duas alternativas. O que você vai escolher: bênção ou maldição? Se o povo de Deus trouxer os dízimos e as ofertas à casa do tesouro na terra, Deus abrirá os seus tesouros no céu.

Deus propõe ao seu povo dois caminhos: a bênção ou a maldição. Que caminho vamos escolher? Que decisão vamos tomar? Ele nos exorta a escolher o caminho da bênção, o caminho da vida!

CAPÍTULO 4

A graciosa doutrina da mordomia

Arival Dias Casemiro

A DOUTRINA DA MORDOMIA é ensinada em toda a Bíblia. Ela alcança e envolve o povo de Deus, em todas as épocas. Ela é uma "doutrina da graça" aplicável aos crentes da velha e da nova alianças. Deus confia os seus bens ao homem, a fim de que ele o administre com sabedoria, diligência, honestidade e fidelidade. Trata-se de uma relação de confiança que se fundamenta na graça, e não na lei de Deus.

Deus é o criador de todas as coisas. O apóstolo Paulo escreveu: *O Deus que fez o mundo e tudo o que nele existe, sendo ele Senhor do céu e da terra, não habita em santuários feitos por mãos humanas. Nem é servido por mãos humanas, como se de alguma coisa precisasse; pois ele mesmo é quem a todos dá vida, respiração e tudo mais* (Atos 17:24,25). Logo, somente Deus tem direito absoluto de propriedade sobre qualquer coisa. *Pois o que está debaixo de todos os céus é meu* (Jó 41:11). *Ao* SENHOR *pertence a terra e tudo o que nela se contém, o mundo e os que nele habitam* (Salmos 24:1). *Se eu tivesse fome, não to diria, pois o mundo é meu e quanto nele se contém* (Salmos 50:12). *Minha é a prata, meu é o ouro, diz o* SENHOR *dos exércitos* (Ageu 2:8). *Pois, nele, foram criadas todas as coisas, nos céus e sobre a terra, as visíveis e as invisíveis, sejam tronos, sejam soberanias, quer principados, quer potestades. Tudo foi criado por meio dele e para ele* (Colossenses 1:16). Não há coisa alguma na criação da qual podemos dizer: "Isto é meu ou nosso". Deus é o proprietário de tudo por direito de criação e de redenção.

A relação do homem com as coisas criadas é apenas de mordomia, isto é, de administração (Gênesis 1:26-29). "Mordomo" é a tradução do grego "ecônomo", que significa, literalmente, aquele que é responsável pela direção ou administração da casa (Gênesis 24:2; 39:4). Mordomo é aquela pessoa a quem é entregue tudo quanto o senhor possui para ser cuidado e desenvolvido. É um administrador ou um gerente de contas a pagar (Lucas 16:1-8), bem como um tesoureiro de uma cidade (Romanos 16:2). Warren W. Wiersbe diz: "Um mordomo ou despenseiro é uma pessoa que administra os bens de outra pessoa. Ele próprio não possui esses bens, mas tem o privilégio de desfrutá-los e de usá-los de modo a beneficiar seu senhor".[1]

Deus é o autor da doutrina da mordomia. Ele criou o homem e o pôs para administrar o mundo:

> *Criou Deus, pois, o homem à sua imagem, à imagem de Deus o criou; homem e mulher os criou. E Deus os abençoou e lhes disse: Sede fecundos, multiplicai-vos, enchei a terra e sujeitai-a; dominai sobre os peixes do mar, sobre as aves dos céus e sobre todo animal que rasteja pela terra. E disse Deus ainda: Eis que vos tenho dado todas as ervas que dão semente e se acham na superfície de toda a terra e todas as árvores em que há fruto que dê semente; isso vos será para mantimento. E a todos os animais da terra, e a todas as aves dos céus, e a todos os répteis da terra, em que há fôlego de vida, toda erva verde lhes será para mantimento. E assim se fez* (Gênesis 1:27-30).

Deus designou o homem como gestor ou mordomo da criação, com a incumbência divina de "sujeitá-la e dominá-la". Deus pôs Adão no jardim do Éden, para o cultivar e o guardar. Ele não era dono do jardim, mas apenas um mordomo.

Após a queda do homem, a doutrina da mordomia não foi revogada. Deus sempre reivindicou ser o dono absoluto de tudo que

---

[1] WIERSBE, Warren W. *Comentário bíblico expositivo: Novo Testamento*, vol. I, Geográfica Editora, Santo André, SP, Brasil, 2015, p. 309.

existe, e os homens apenas seus mordomos. Em todo o Antigo Testamento, aparece de forma inequívoca o ensino da mordomia, principalmente para o povo da aliança (Gênesis 14:18-23; Deuteronômio 25:19; 1Crônicas 29:10-14; Salmos 24:1). Até mesmo reis pagãos tiveram que se curvar diante dessa verdade (Ezequiel 29:1-10; Daniel 4:28-37).

No Novo Testamento, Jesus ensinou a doutrina da mordomia em várias de suas parábolas: a do servo vigilante (Lucas 12:35-48), a das dez minas (Lucas 19:11-27), a dos trabalhadores na vinha (Mateus 20:1-16) e a dos talentos (Mateus 25:14-30). Jesus não só nos ensinou sobre mordomia, mas viveu como o mordomo-chefe. Ele usou os dons que Deus lhe confiou para ensinar, pregar e curar.

O apóstolo Paulo também ensinou esta doutrina cuja ideia central é que cada crente é um mordomo (*oikonomos*) de Deus. Fidelidade é o que Deus exige dos seus mordomos (1Coríntios 4:2) e vida irrepreensível dos presbíteros — mordomos da casa de Deus (Tito 1:7). Pedro ensina também que cada crente deve servir uns aos outros com o dom que recebeu, como bons mordomos da multiforme graça de Deus (1Pedro 4:10).

A aplicação prática desta doutrina na vida da igreja, hoje, é de extrema importância. Primeiro, ela constrange-nos e obriga-nos a colocar Deus em primeiro lugar na nossa maneira de viver. Não vivemos para nós, mas para ele. Jesus diz: *Buscai, pois, em primeiro lugar, o seu reino e a sua justiça, e todas estas coisas vos serão acrescentadas* (Mateus 6:33). Segundo, ela nos ensina que não podemos dar nada para Deus, pois tudo é dele. Os dízimos e as ofertas são apenas devoluções que realizamos como expressão de confiança e dependência dele. Davi disse: *Porque tudo vem de ti, e das tuas mãos to damos* (1Crônicas 29:14). Terceiro, jamais devemos esquecer que o que temos é Deus quem nos dá temporariamente. Moisés nos adverte: *Não digas, pois, no teu coração: A minha força e o poder do meu braço me adquiriram estas riquezas. Antes, te lembrarás do* Senhor, *teu Deus, porque é ele o que te dá força para adquirires riquezas;*

para confirmar a sua aliança, que, sob juramento, prometeu a teus pais, como hoje se vê (Deuteronômio 8:17,18).

A PARÁBOLA DOS TALENTOS: UMA ILUSTRAÇÃO DA DOUTRINA DA MORDOMIA

A palavra "parábola" vem do grego *para* ("ao lado" ou "junto a") e *ballein* ("lançar"). Assim, a parábola é uma história que é contada ou lançada com o objetivo de ilustrar uma verdade. É ensinar a verdade por meio de imagens concretas, e não por abstrações. Uma parábola é uma ilustração colocada lado a lado com um ensinamento com o objetivo de facilitar o seu significado. Não devemos fundamentar doutrinas bíblicas nas parábolas; podemos usá-las para ilustrá-las. São imagens da natureza que ensinam verdades espirituais de forma prática e aplicáveis à nossa realidade de vida.

O uso da palavra "talentos" é comumente interpretada como habilidades naturais ou capacidades inatas de qualquer pessoa. Sempre se distingue da palavra "dons", que são capacitações espirituais que os crentes recebem, para a edificação do corpo de Cristo, a igreja. R. N. Champlin entende que os "talentos" incluem todas as habilidades naturais e espirituais concedidas por Deus.[2] J. C. Ryle declara que todos os cristãos recebem algo da parte de Deus, pois todos são seus escravos ou servos. Segundo ele, a palavra "talentos" tem sido distorcida e usada em relação a pessoas notáveis por suas habilidades. Entretanto, diz: "No sentido em que nosso Senhor empregou o termo nesta parábola, a palavra se aplica a todas as pessoas batizadas, sem distinção. Aos olhos de Deus, todos nós temos talentos. Somos todos pessoas talentosas".[3] William Barclay diz que o foco da parábola é o "servo

---

[2] CHAMPLIN, Norman R. *O Novo Testamento interpretado: versículo por versículo*. Vol. 1. São Paulo: Editora Hagnos, 2002, p. 576.

[3] RYLE, J. C. *Meditações no evangelho de Mateus*. São José do Campos: Editora Fiel, 2002, p. 217.

infiel ou inútil", que representa os escribas e fariseus. Eles receberam a lei e a revelação de Deus e as enterraram, não percebendo que serão condenados por Jesus.[4] Concordo com D. A. Carson quando diz que Jesus escolheu o símbolo do "talento" para dar um sentido abrangente: "As tentativas de identificar os talentos com os dons espirituais, a lei, os dons do evangelho ou qualquer outra coisa levam a um estreitamento da parábola com o qual Jesus se sentiria desconfortável. Talvez ele escolhesse o simbolismo do talento ou da mina por causa de sua capacidade da aplicação variada".[5] Talento envolve tudo que é preciso, além de dinheiro e bens: o tempo, a esposa e os filhos, a reputação do Senhor e até sua própria vida.

Extrairemos algumas lições do ensino de Jesus:

Pois será como um homem que, ausentando-se do país, chamou os seus servos e lhes confiou os seus bens. A um deu cinco talentos, a outro, dois e a outro, um, a cada um segundo a sua própria capacidade; e, então, partiu. O que recebera cinco talentos saiu imediatamente a negociar com eles e ganhou outros cinco. Do mesmo modo, o que recebera dois ganhou outros dois. Mas o que recebera um, saindo, abriu uma cova e escondeu o dinheiro do seu senhor. Depois de muito tempo, voltou o senhor daqueles servos e ajustou contas com eles. Então, aproximando-se o que recebera cinco talentos, entregou outros cinco, dizendo: Senhor, confiaste-me cinco talentos; eis aqui outros cinco talentos que ganhei. Disse-lhe o senhor: Muito bem, servo bom e fiel; foste fiel no pouco, sobre o muito te colocarei; entra no gozo do teu senhor. E, aproximando-se também o que recebera dois talentos, disse: Senhor, dois talentos me confiaste; aqui tens outros dois que ganhei. Disse-lhe o senhor: Muito bem, servo bom e fiel; foste fiel no pouco, sobre o muito te colocarei; entra no gozo do teu senhor. Chegando, por fim, o que recebera um talento, disse: Senhor, sabendo que és homem severo, que ceifas onde não semeaste e ajuntas onde

---

[4] BARCLAY, William. *Mateo II. El Nuevo Testamento comentado*. Buenos Aires: Ediciones Aurora, 1973, p. 328.

[5] CARSON, D. A. *O comentário de Mateus*. São Paulo: Shedd Publicações, 2010, p. 598.

não espalhaste, receoso, escondi na terra o teu talento; aqui tens o que é teu. Respondeu-lhe, porém, o senhor: Servo mau e negligente, sabias que ceifo onde não semeei e ajunto onde não espalhei? Cumpria, portanto, que entregasses o meu dinheiro aos banqueiros, e eu, ao voltar, receberia com juros o que é meu. Tirai-lhe, pois, o talento e dai-o ao que tem dez. Porque a todo o que tem se lhe dará, e terá em abundância; mas ao que não tem, até o que tem lhe será tirado. E o servo inútil, lançai-o para fora, nas trevas. Ali haverá choro e ranger de dentes (Mateus 25:14-30).

Aprendemos aqui cinco lições da doutrina da mordomia:

Primeira lição: Deus é o dono de tudo que existe.

Pois será como um homem que, ausentando-se do país, chamou os seus servos e lhes confiou os seus bens (v. 14). Veja "um homem" ou "o senhor" representa a pessoa de Jesus. Ele resolve ausentar-se do seu país ou fazer uma viagem. Jesus deixa a terra após a sua ressurreição e viaja para o céu. "O mestre é Cristo, que é o dono e proprietário absoluto de todas as pessoas e coisas, e de maneira especial, da sua igreja; nas suas mãos estão todas as coisas."[6]

Ele chama os seus servos e confia-lhes os seus bens ou o seu dinheiro. A palavra "servos" (*doulos*) significa "escravo", alguém que era propriedade de outra pessoa. Matthew Henry comenta: "Os servos são os cristãos, os seus próprios servos; assim eles são chamados; nascidos na sua casa, comprados com o seu dinheiro, dedicados ao seu louvor, e empregados em seu trabalho".[7] Jesus é o proprietário de tudo: são "seus servos", "seus bens" (v. 14), "o dinheiro do seu senhor" (v. 18) e "meu dinheiro" (v. 27). William Hendriksen comenta: "Tudo o que temos, sejam oportunidades, seja a capacidade para usá-las com proveito pertencem a

---

[6] HENRY, Matthew. *Comentário bíblico: Novo Testamento: Mateus a João*. Rio de Janeiro: CPAD, 2008, p. 33.

[7] Ibid., p:33.

Deus. Nós somos os depositários. Deus é o dono. O que temos continua sendo propriedade sua. Somos administradores".[8]

Segunda lição: Cada pessoa é um mordomo, pois recebe de Deus algum talento para administrar.

Walter Kaschel diz: "Mordomo quer dizer, literalmente, *ecônomo*, isto é, aquele que é incumbido da direção da casa, o administrador. É aquela pessoa a quem é entregue tudo quanto o senhor possui para ser cuidado e desenvolvido. É aquele a quem o senhor incumbe o governo daquilo que lhe é mais precioso".[9]

Todos os três servos receberam bens do seu senhor. Cada um recebeu segundo "a sua capacidade". O senhor chama os seus três servos e lhes confia os seus bens: *A um deu cinco talentos, a outro, dois e a outro, um, a cada um segundo a sua própria capacidade; e, então, partiu* (v. 15). O talento não era uma moeda, mas certa medida ou peso. O valor do talento dependia da natureza do metal: cobre, prata ou ouro. Um talento correspondia a cerca de vinte anos de trabalho.

Cada servo recebeu uma quantia diferente, conforme a sua capacidade. Deus é soberano na distribuição dos seus bens, e somente ele conhece a capacidade e o potencial de seus servos. É o senhor quem avaliou a capacidade de cada servo e distribuiu os talentos proporcionalmente. Logo, os servos são diferentes na sua capacidade.

Terceira lição: Cada mordomo tem o dever de multiplicar o patrimônio que recebeu de Deus.

Observe os servos que receberam cinco e dois talentos. Eles saíram imediatamente a negociar e dobraram os bens do seu senhor

---

[8] HENDRIKSEN, William. *Comentário do Novo Testamento: Mateus – Volume 2*. São Paulo: Cultura Cristã, 2001, p. 539.

[9] KASCHEL, Walter. *Lições de mordomia*. Venda Nova, MG: Editora Betânia, 1997, p. 13.

(Mateus 25:16,17). O Senhor ordenou aos seus servos na parábola das dez minas: *negociai até que eu volte* (Lucas 19:13). O verbo "negociar" (*ergadzomai*) significa "trabalhar", "esforçar-se para" e "estar engajado com". A ideia é de esforço e trabalho diligente para negociar e obter lucro ou multiplicar o que possui.

O que recebeu um talento, porém, cavou na terra e enterrou o dinheiro. Em vez de usar a oportunidade, ele a enterrou. Muitos motivos poderiam ser colocados para justificar a trágica decisão: medo de falhar, preguiça, complexo de inferioridade ou maldade. Em Mateus 25:26, o Senhor chama esse servo de "mau". A palavra "mau" (*poneros*) descreve o caráter "maldoso", "danoso", "maligno" e "ímpio" (Mateus 12:39,45; Lucas 11:13; 19:22).

Quarta lição: O tempo para o exercício da mordomia.

Lemos em Mateus 25:19: *Depois de muito tempo, voltou o senhor daqueles servos*. Jesus não esperava voltar imediatamente. Há pistas textuais de que o tempo seria relativamente longo (Mateus 24:14; 25:5; 2Tessalonicenses 2:2,3; 2Pedro 3:4-9; Apocalipse 20:1-3,7-11). O texto nos sugere dois sentidos: primeiro, o período entre a primeira e a segunda vindas de Jesus Cristo, baseado nas expressões *ausentando-se do país* (v. 14) até *depois de muito tempo, voltou o senhor daqueles servos* (v. 19).

Também, o tempo de vida do mordomo: *Nu saí do ventre de minha mãe e nu voltarei; o* Senhor *o deu e o* Senhor *o tomou; bendito seja o nome do* Senhor! (Jó 1:21). O servo presta contas quando morre. Portanto, a mordomia é temporária ou transitória. O salmista diz: *Não temas, quando alguém se enriquecer, quando avultar a glória de sua casa; pois, em morrendo, nada levará consigo, a sua glória não o acompanhará* (Salmos 49:16,17). *Mas Deus lhe disse: Louco, esta noite te pedirão a tua alma; e o que tens preparado, para quem será?* (Lucas 12:20). *Porque nada temos trazido para o mundo, nem coisa alguma podemos levar dele* (1Timóteo 6:7). É loucura quando nos consideramos donos de alguma coisa na terra, pois a nossa vida na terra é passageira.

Quinta lição: Todo mordomo prestará contas e será recompensado.

Depois de muito tempo, voltou o senhor daqueles servos e ajustou contas com eles (Mateus 25:19). Cada servo compareceu perante o seu senhor para ajustar contas. Há um julgamento que nos aguarda (Romanos 14:12; 2Coríntios 5:10). Há aqui dois tipos de servos: 1) Servo fiel: dobrou a quantidade de talentos que recebeu. O que recebeu cinco trouxe mais cinco, e o que recebeu dois trouxe mais dois. O senhor declara a eles: *Muito bem, servo bom e fiel; foste fiel no pouco, sobre o muito te colocarei; entra no gozo do teu senhor* (v. 21,23). 2) Servo mau: recebeu um talento e o enterrou e depois colocou a culpa no senhor (v. 24,25). Observe que o mordomo culpa o senhor, sua severidade e rigidez, como justificativa para enterrar o talento que havia recebido. É muito fácil culpar os outros pela nossa ociosidade e omissão.

Corremos sempre o risco de perder aquilo que não usamos para Deus. O senhor toma duas atitudes para com o servo infiel: 1) Tirou-lhe o único talento que tinha e o deu para outro: *Tirai-lhe, pois, o talento e dai-o ao que tem dez. Porque a todo o que tem se lhe dará, e terá em abundância; mas ao que não tem, até o que tem lhe será tirado* (v. 28,29). Ele foi privado do seu talento. 2) Foi punido por não fazer nada com o talento que recebeu. *E o servo inútil, lançai-o para fora, nas trevas. Ali haverá choro e ranger de dentes* (v. 30). A palavra "inútil" (*achreios*) adjetiva o servo que falha em usar bem aquilo que Deus lhe confiou. A relação de senhor e servo é rompida, e o mesmo é banido da presença do seu senhor. Todos os mordomos maus serão condenados e lançados fora no dia do juízo.

Concluindo este capítulo, podemos resumir o ensino da mordomia bíblica com quatro princípios gerais: 1) Princípio da propriedade: Deus é dono de tudo o que existe, inclusive de nós, seus servos. Somos apenas mordomos dos bens que lhe pertencem. 2) Princípio da responsabilidade: todo mordomo é responsável pela administração dos bens que lhe foram confiados por Deus. O proprietário tem direitos, e o mordomo tem deveres. Ele deve trabalhar para multiplicar os bens que lhe são confiados. 3) Princípio da prestação de contas: todo mordomo prestará contas a Deus da sua mordomia. Isso inclui tudo: tempo, dinheiro, dons, trabalho, oportunidades e relacionamentos. 4) Princípio da recompensa: todo mordomo será recompensado por Deus com o bem ou com o mal, conforme a maneira com que administrou os bens sob sua confiança.

CAPÍTULO 5

Princípios bíblicos para ofertas específicas

Arival Dias Casemiro

HÁ CRISTÃOS QUE DEFENDEM diferenças entre o ofertar no Antigo Testamento e o ofertar hoje. Isso, em parte, é verdade, considerando aquelas ofertas da lei cerimonial: as ofertas dos sacrifícios (Levítico 1—7) e a oferta do dia da expiação (Levítico 16). Todas essas ofertas apontavam para Cristo e se cumpriram nele. *Ora, todo sacerdote se apresenta, dia após dia, a exercer o serviço sagrado e a oferecer muitas vezes os mesmos sacrifícios, que nunca jamais podem remover pecados; Jesus, porém, tendo oferecido, para sempre, um único sacrifício pelos pecados, assentou-se à destra de Deus* (Hebreus 10:11,12). Jesus ofereceu para sempre um único sacrifício que produz a remissão definitiva do pecado.

Precisamos nos lembrar de que os crentes do Antigo Testamento também estavam sob o pacto da graça. Todos eles foram salvos pela graça, mediante a fé, e por causa do sacrifício de Jesus. Portanto, existem princípios espirituais da graça de Deus no Antigo e no Novo Testamentos. Os pastores de Westminster afirmaram: "Não há, pois, dois pactos da graça diferentes em substância, mas um e o mesmo sob várias dispensações".[1] E, no ensino bíblico acerca das ofertas, há princípios que foram ensinados no Antigo Testamento e que continuam no Novo Testamento.

---

[1] *Símbolos de fé de Westminster*. São Paulo: Cultura Cristã, 2016, p. 42.

A doutrina da mordomia é a base teológica que sustenta todo tipo de contribuição a Deus, em toda a Bíblia. O conceito do crente como mordomo de Deus não é uma novidade teológica do Novo Testamento. O crente do Antigo Testamento era também um mordomo do Senhor, que entregava dízimos e ofertas. O dízimo é o padrão divino de contribuição para o povo de Deus na antiga e na nova alianças. Historicamente, o dízimo existiu antes da lei, no sacerdócio de Melquisedeque (Gênesis 14:20); durante a lei, no sacerdócio levítico (Levítico 17:3-4); e após a lei, no sacerdócio de Jesus Cristo (Hebreus 7:9-28). Entregar o dízimo é reconhecer o senhorio de Cristo sobre tudo o que existe e principalmente sobre os bens que ele nos confia para administrar. O dízimo é o ponto de partida para uma generosidade radical que foi praticada pelos cristãos (Atos 2:45; 4:32-37).

Tanto em Israel quanto na igreja, o dízimo tem como objetivo principal sustentar o ministério sagrado. No Antigo Testamento, os levitas eram sustentados pelos dízimos do povo: *Disse também o* Senhor *a Arão: Na sua terra, herança nenhuma terás e, no meio deles, nenhuma porção terás. Eu sou a tua porção e a tua herança no meio dos filhos de Israel. Aos filhos de Levi dei todos os dízimos em Israel por herança, pelo serviço que prestam, serviço da tenda da congregação* (Números 18:20,21). No Novo Testamento, os pastores devem ser sustentados pelos dízimos do povo: *Não sabeis vós que os que prestam serviços sagrados do próprio templo se alimentam? E quem serve ao altar do altar tira o seu sustento? Assim ordenou também o Senhor aos que pregam o evangelho que vivam do evangelho* (1Coríntios 9:13,14). Nos dois casos, a ordem veio do Senhor. Obreiros e pastores devem trabalhar com dedicação exclusiva no ministério, devendo ser sustentados pelos dízimos entregues pelo povo.

Chamo a sua preciosa atenção para as ofertas no Antigo Testamento. Há duas formas de ofertar em Israel: obrigatória e voluntária. Um exemplo de oferta obrigatória é a que foi ordenada para a manutenção do tabernáculo: *Qualquer que entrar no arrolamento, de vinte anos para cima, dará a oferta ao* Senhor. *O rico não dará mais de meio siclo, nem o pobre, menos, quando derem a oferta ao* SENHOR, *para fazerdes expiação pelas vossas almas* (Êxodo 30:14,15). Essa oferta era obrigatória para todos (ricos e pobres). E o valor para todos, indistintamente, era de "meio siclo". Os ricos não deveriam dar a mais, nem os pobres a menos. O valor arrecadado com essa oferta deveria ser gasto no serviço do tabernáculo. Essa oferta foi transformada em imposto anual do templo e obrigatória a todo judeu.[2] Jesus pagou esse imposto (Mateus 17:24-27).

Outra forma de oferta era voluntária. Deus ordenou ao seu povo que realizassem ofertas para projetos específicos e especiais. Eram ofertas temporárias, voluntárias e com objetivos específicos. Veremos alguns exemplos.

OFERTAS PARA CONSTRUÇÃO DO TABERNÁCULO

Deus desejou habitar no meio do seu povo. O modo que ele mesmo escolheu foi através de uma tenda ou tabernáculo. O modelo desse santuário, bem como o de todos os seus móveis, foi fornecido por Deus. Os recursos para tamanho empreendimento seriam ofertados pelo povo. Vejamos mais detalhes:

> *Disse o* SENHOR *a Moisés: Fala aos filhos de Israel que me tragam oferta; de todo homem cujo coração o mover para isso, dele recebereis a minha oferta. Esta é a oferta que dele recebereis: ouro, e prata, e bronze, e estofo azul, e púrpura, e carmesim, e linho fino, e pelos de cabra, e peles de carneiro tintas de vermelho, e peles finas, e madeira de acácia, azeite para a luz, especiarias para o óleo de unção e para o incenso aromático, pedras de ônix e pedras de engaste, para a estola sacerdotal e para o peitoral. E me farão um santuário, para que eu possa habitar no meio deles. Segundo tudo o que eu te mostrar para modelo do tabernáculo e para modelo de todos os seus móveis, assim mesmo o fareis* (Êxodo 25:1-9).

---

[2] COLE, R. Alan. *Êxodo: introdução e comentário*. São Paulo: Vida Nova e Mundo Cristão, 1973, p. 199-200.

A arrecadação dessa oferta foi interrompida pelo episódio do bezerro de ouro e é retomada em Êxodo 35—36. Vejamos algumas lições que os textos nos ensinam:

Primeiro, Deus tinha um projeto: construir um santuário ou tabernáculo para habitar no meio do seu povo.

E me farão um santuário, para que eu possa habitar no meio deles (Êxodo 25:8). Deus sempre tem um plano quando deseja realizar uma obra. Ele quer morar com o seu povo, por meio de um tabernáculo: *E me farão um santuário, para que eu possa habitar no meio deles.* Primeiro, Deus revela o plano e, depois, ele providencia os recursos. Quando Deus quer, ele revela, o homem obedece e a obra é feita.

Segundo, o santuário deveria ser construído pelo povo, segundo o modelo dado por Deus.

Deus orienta: *Segundo tudo o que eu te mostrar para modelo do tabernáculo e para modelo de todos os seus móveis, assim mesmo o fareis* (Êxodo 25:9). Esse tabernáculo na terra era uma réplica do celestial, por isso deveria ser construído segundo o modelo oferecido por Deus. A obra de Deus é celestial, e não mundana. Um princípio básico para o ministério do povo de Deus é que devemos seguir os projetos que recebemos do céu, e não os deste mundo.

Terceiro, Deus ordena ao povo, por meio de Moisés, que traga ofertas para a construção do santuário.

O tabernáculo a ser erigido destinava-se ao benefício, segurança, orientação e conforto do próprio povo. O próprio povo deveria arcar com a despesa de sua construção e mobília.

- *A oferta é para Deus.*

Disse o Senhor *a Moisés: Fala aos filhos de Israel que me tragam* oferta (Êxodo 25:1,2). Destaque: *que me tragam oferta.* Em Êxodo 35: *uma oferta para o* Senhor (v. 5,21,22,24,29). As pessoas não estavam dando para que Moisés ficasse rico. As suas ofertas não eram para o benefício pessoal de Arão e dos sacerdotes. A sua oferta foi antes de tudo para a glória de Deus e um ato de adoração. Deus é quem ordena a Moisés pedir e o povo a trazer. Se ele é quem ordena, então Moisés não tinha outra opção senão pedir. Quando a obra é de Deus, o obreiro responsável deve pedir ao povo que contribua.

- *A oferta é para a obra de Deus.*

E trouxe a oferta ao Senhor *para a obra da tenda da congregação, e para todo o seu serviço, e para as vestes sagradas* (Êxodo 35:21); *uma oferta para toda a obra que o* Senhor *tinha ordenado se fizesse por intermédio de Moisés* (35:29). Deus se identifica com a sua obra e com os seus obreiros.

- *A oferta deve ser feita pelos "filhos de Israel".*

Disse o Senhor *a Moisés: Fala aos filhos de Israel que me tragam oferta* (Êxodo 25:1). *Disse mais Moisés a toda a congregação dos filhos de Israel: Esta é a palavra que o* Senhor *ordenou, dizendo* (Êxodo 35:4). É privilégio do povo de Deus contribuir para a obra de Deus. Assim como a adoração é uma prática exclusiva da igreja, ofertar a Deus o é também.

- *O que poderia ser ofertado*

A oferta poderia ser de dois tipos: 1) ofertas de materiais ou dinheiro: metais preciosos, bronze, tecidos, peles de animais, madeiras, azeite, pedras e especiarias (Êxodo 35:5-9); 2) ofertas de serviços: muitos ofertaram mão de obra — desenhistas, artesões, lapidadores, carpinteiros, artífices, bordadeiras, tecelões e toda sorte de profissionais requeridos para a execução do projeto (Êxodo 35:30-35).

Quarto, como o povo deveria ofertar

- **De coração:** *de todo homem cujo coração o mover para isso* (Êxodo 25:2). O verbo hebraico *"voluntariamente" (nadhabh)* descreve o desejo livre e voluntário do coração para dar, entregar-se e oferecer-se a si mesmo ou os próprios recursos para a obra do Senhor. Trata-se de ação que nasce no coração de forma espontânea. A frase é repetida: *e veio todo homem cujo coração o moveu e cujo espírito o impeliu e trouxe a oferta ao* Senhor (Êxodo 35:21); *Os filhos de Israel trouxeram oferta voluntária ao* Senhor, *a saber, todo homem e mulher cujo coração os dispôs para trazerem uma oferta* (Êxodo 35:29).

- **Daquilo que tinha:** *Tomai, do que tendes, uma oferta para o* Senhor (Êxodo 35:5). Deus primeiro nos dá para depois nos pedir. Ele nunca pede aquilo que não temos. Os judeus tinham recursos que receberam dos egípcios: objetos de ouro e de prata, roupas e tecidos (Êxodo 3:22; 11:2). *E o* Senhor *fez que seu povo encontrasse favor da parte dos egípcios, de maneira que estes lhes davam o que pediam. E despojaram os egípcios* (Êxodo 12:36).
- **Individualmente:** *Cada um* (Êxodo 35:5). Deus quer que cada filho tenha o privilégio de contribuir. Ele nos escolheu, nos chamou e nos salvou individualmente. Ele deseja que experimentemos pessoalmente: *Mais bem-aventurado é dar que receber* (Atos 20:35).
- **Voluntariamente:** *voluntariamente a trará* (Êxodo 35:5) indica que a oferta seria espontânea, e não derivada de coação. A motivação de quem oferta é muito importante para Deus.
- **De forma pensada:** *Então, toda a congregação dos filhos de Israel saiu da presença de Moisés* (Êxodo 35:20). Depois de pedir a oferta, Moisés dispensou o povo para que cada um voltasse para sua tenda. O povo não foi coagido, constrangido e pressionado a ofertar. Cada um deveria dar de forma consciente e pensada.
- **Abundantemente:** A resposta do povo a essa campanha pró-construção do tabernáculo, ordenada por Deus, foi altamente positiva. As ofertas foram maiores que as necessidades. Moisés teve que ordenar ao povo: É proibido trazer mais (Êxodo 36:6). Ele poderia ter deixado o povo trazer e tirar proveito pessoal disso. Mas não o fez porque temia a Deus.

O povo de Deus ofertou e trabalhou na construção do tabernáculo. Um ano após os israelitas terem sido libertados do Egito, o tabernáculo é montado e concluído. *Tudo segundo o* Senhor *ordenara a Moisés, assim fizeram os filhos de Israel toda a obra. Viu, pois, Moisés toda a obra, e eis que a tinham feito segundo o* Senhor *havia ordenado; assim a fizeram, e Moisés os abençoou* (Êxodo 39:42,43). Deus aprova o trabalho do seu povo manifestando a sua presença: *Então, a nuvem cobriu a tenda da congregação, e a glória do* Senhor *encheu o tabernáculo* (Êxodo 40:34). Essa mesma nuvem, símbolo da presença de Deus, guiará o povo no deserto até ele chegar à terra prometida.

OFERTAS PARA A CONSTRUÇÃO DO TEMPLO

Davi resolveu construir um templo para Deus, em Jerusalém. Ele teve a autorização de Deus, mas não seria o construtor. Salomão, seu filho, realizaria a obra. Em 1Crônicas 29, Davi se dirige ao povo para pedir ofertas para a construção e ora a Deus para agradecer-lhe o privilégio de ofertar. Nesse capítulo encontramos os mesmos princípios espirituais usados por Moisés nas ofertas levantadas para a construção do tabernáculo.

> *Disse mais o rei Davi a toda a congregação: Salomão, meu filho, o único a quem Deus escolheu, é ainda moço e inexperiente, e esta obra é grande; porque o palácio não é para homens, mas para o* Senhor *Deus. Eu, pois, com todas as minhas forças já preparei para a casa de meu Deus ouro para as obras de ouro, prata para as de prata, bronze para as de bronze, ferro para as de ferro e madeira para as de madeira; pedras de ônix, pedras de engaste, pedras de várias cores, de mosaicos e toda sorte de pedras preciosas, e mármore, e tudo em abundância. E ainda, porque amo a casa de meu Deus, o ouro e a prata particulares que tenho dou para a casa de meu Deus, afora tudo quanto preparei para o santuário: três mil talentos de ouro, do ouro de Ofir, e sete mil talentos de prata purificada, para cobrir as paredes das casas; ouro para os objetos de ouro e prata para os de prata, e*

para toda obra de mão dos artífices. Quem, pois, está disposto, hoje, a trazer ofertas liberalmente ao SENHOR*? Então, os chefes das famílias, os príncipes das tribos de Israel, os capitães de mil e os de cem e até os intendentes sobre as empresas do rei voluntariamente contribuíram e deram para o serviço da casa de Deus cinco mil talentos de ouro, dez mil daricos, dez mil talentos de prata, dezoito mil talentos de bronze e cem mil talentos de ferro. Os que possuíam pedras preciosas as trouxeram para o tesouro da casa do* SENHOR*, a cargo de Jeiel, o gersonita. O povo se alegrou com tudo o que se fez voluntariamente; porque de coração íntegro deram eles liberalmente ao* SENHOR*; também o rei Davi se alegrou com grande júbilo* (v. 1-9).

Primeiro, as ofertas seriam para o Senhor e para a sua obra.

Toda oferta a ser levantada é para Deus e para a sua obra. Davi diz à congregação: *Salomão, meu filho, o único a quem Deus escolheu, é ainda moço e inexperiente, e esta obra é grande; porque o palácio não é para homens, mas para o* SENHOR *Deus* (1Crônicas 29:1). Três detalhes sobre a obra de Deus: 1) Ela é feita pelos seus escolhidos. Salomão foi escolhido para fazer ou liderar a construção. Mas quem contribui e faz a obra é o povo escolhido de Deus. *Então, lhes respondi: o Deus dos céus é quem nos dará bom êxito; nós, seus servos, nos disporemos e reedificaremos; vós, todavia, não tendes parte, nem direito, nem memorial em Jerusalém* (Neemias 2:20). 2) Ela é grande. A palavra "palácio" usada aqui e em 29:19 tem uma conotação de um grande palácio real. Richard L. Pratt Jr. diz: "Esta terminologia tirada da realeza também revela sua perspectiva de que Deus era o rei de Israel, cujo palácio ficava em Jerusalém junto com o palácio humano".[3] 3) Ela é para Deus: *porque o palácio não é para homens, mas para o* SENHOR *Deus*. Davi diz: *dou para a casa de meu Deus* (1Crônicas 29:3). Toda a planta do palácio foi feita sob a orientação

---

[3] PRATT JR., Richard L. *Comentário do Antigo Testamento: I e II Crônicas.* São Paulo: Cultura Cristã, 2008, p. 33-34.

divina: *Tudo isto, disse Davi, me foi dado por escrito por mandado do* S{\sc enhor}, *a saber, todas as obras desta planta* (1Crônicas 28:19). Portanto, a casa a ser edificada deveria ser sobremodo magnificente, para nome e glória de Deus, em todas as terras (1Crônicas 22:5), assim como na construção do tabernáculo a oferta era para Deus e para a sua obra.

Segundo, como o povo contribuiu para a obra do Senhor.

Davi contribuiu e pediu ao povo para contribuir para a construção do templo. E ele nos ensina com a sua forma pessoal de contribuir e também como ele orientou o povo a contribuir:

- **Com todo o esforço**: *com todas as minhas forças* (1Crônicas 29:2). A palavra hebraica "forças" (*meodh*) significa "grandemente" ou "diligentemente". A ideia é de intensidade de esforço (Deuteronômio 6:5). Quem oferta dessa forma dá com abundância.
- **Com todo o amor**: *E ainda, porque amo a casa de meu Deus* (1Crônicas 29. 3). Por amor, o limite é sacrificial, como fez a viúva pobre (Marcos 12:44). O tamanho da oferta é sempre proporcional ao tamanho do amor.
- **Daquilo que temos**: *... particulares que tenho dou*. Davi deu do seu tesouro particular 110 toneladas de ouro e 240 toneladas de prata. Ele deu do que tinha, porque primeiro ele deu a si mesmo ao Senhor. O crente é rico pelo que dá, e não pelo que recebe.
- **Liberalmente**: *Quem, pois, está disposto, hoje, a trazer ofertas liberalmente ao* S{\sc enhor}? (1Crônicas 29:5). Significa livre, espontânea e voluntariamente. Trata-se de uma disposição do coração para ofertar ao Senhor. *Então, os chefes das famílias, os príncipes das tribos de Israel, os capitães de mil e os de cem e até os intendentes sobre as empresas do rei voluntariamente contribuíram* (v. 6).

- **Alegria**: *O povo se alegrou com tudo o que se fez voluntariamente; [...] também o rei Davi se alegrou com grande júbilo* (v. 9). Ninguém foi coagido ou constrangido a ofertar. Grande alegria tomou conta da congregação. Deus ama a quem dá com alegria.
- **Integridade**: *porque de coração íntegro deram eles liberalmente ao* Senhor (v. 9). A integridade relaciona-se com a motivação. Ofertar de forma sincera, verdadeira e sem segundas intenções, A oferta de Ananias e Safira é exemplo de como não se deve ofertar e as consequências de fazê-lo com a motivação errada (Atos 5:1-11). Davi cria que Deus examina e prova o coração de quem oferta, pois ele exige devoção sincera (1Crônicas 28:9; 29:17).

Na oração que Davi faz pelas ofertas levantadas, em 1Crônicas 29:10-22, ele acrescenta outros ensinamentos sobre como ofertar:

- **Ofertar é um ato de adoração e louvor**: *Pelo que Davi louvou ao* Senhor *perante a congregação toda* (v. 10). Ele louva a Deus por quem ele é (v. 10-13). Ele louva a Deus por aquilo que ele nos dá (v. 14-18). Deus conhece os nossos motivos e se alegra com as ofertas abundantes e sinceras que lhe fazemos.
- **Ofertar é um privilégio que Deus concede ao seu povo**: Davi faz uma pergunta retórica: *Porque quem sou eu, e quem é o meu povo para que pudéssemos dar voluntariamente estas coisas?* (v. 14). A vida do homem na terra é breve, e somos totalmente dependentes do Senhor. Ele é a esperança do nosso destino eterno.
- **Ofertar é devolver a Deus um pouco do muito que ele nos dá**: *Porque tudo vem de ti, e das tuas mãos to damos* (v. 14). Nós contribuímos para Deus porque ele nos dá. O que damos a Deus em oferta é a devolução daquilo que recebemos graciosamente das suas mãos.
- **Ofertar corretamente é um ato divino no coração do ofertante**: Davi encerra a sua oração pedindo que Deus preserve para sempre no coração do seu povo esse conceito e disposição

de ofertar: SENHOR, *Deus de nossos pais Abraão, Isaque e Israel, conserva para sempre no coração do teu povo estas disposições e pensamentos, inclina-lhe o coração para contigo* (v. 18). Deus é quem opera no coração do seu povo o querer e o fazer o bem. Também pede que Deus dê integridade e sabedoria para aqueles que administram os recursos de Deus. *E a Salomão, meu filho, dá coração íntegro para guardar os teus mandamentos, os teus testemunhos e os teus estatutos, fazendo tudo para edificar este palácio para o qual providenciei* (v. 19).

Os princípios que aparecem no levantamento das ofertas para a construção do templo são os mesmos que estão presentes na construção do tabernáculo. As ofertas foram feitas a Deus e à sua obra. Elas foram feitas individualmente, conforme as posses do ofertante, de forma voluntária, com alegria, excelência e generosidade. Elas eram realizadas para alcançar um propósito e como privilégio exclusivo do povo de Deus.

OFERTAS PARA OS POBRES DA JUDEIA

Os princípios para ofertar no Antigo Testamento continuam no Novo Testamento. Podemos observar isso na oferta que Paulo levantou para os crentes necessitados da Judeia. Ao ter o seu apostolado reconhecido pelos líderes de Jerusalém, Paulo recebeu uma única recomendação: *Recomendando-nos somente que nos lembrássemos dos pobres, o que também me esforcei por fazer* (Gálatas 2:10). Diante da grande fome que se abateu sobre os crentes judeus durante o reinado do imperador Cláudio (41-54, cf. Atos 11:27-30), Paulo enceta uma grande coleta entre as igrejas gentílicas em favor dos "santos" da igreja em Jerusalém (2Coríntios 8:1; Romanos 15:25-27). Paulo viu no uso do dinheiro uma expressão da vida de comunhão com Cristo. Judeus e gentios unidos numa mesma fé, no mesmo batismo, sob o mesmo Senhor e Deus e na mesma igreja. Paulo nos fala mais acerca dessa coleta para os pobres.

Quanto à coleta para os santos, fazei vós também como ordenei às igrejas da Galácia. No primeiro dia da semana, cada um de vós ponha de parte, em casa, conforme a sua prosperidade, e vá juntando, para que se não façam coletas quando eu for. E, quando tiver chegado, enviarei, com cartas, para levarem as vossas dádivas a Jerusalém, aqueles que aprovardes. Se convier que eu também vá, eles irão comigo (1Coríntios 16:1-4).

Primeiro, o conceito de oferta

Ofertar é um privilégio do povo de Deus. Por isso, Paulo pede ofertas para todas as igrejas, com o intuito de socorrer os crentes que passavam necessidade. Paulo usou várias palavras para conceituar aquela oferta que estava levantando: 1) Coleta (*logeia*) — significa uma contribuição feita nos templos religiosos. Segundo William Barclay, "era o oposto de um imposto; era uma maneira de ofertar extraordinariamente". Ofertar é uma forma de abençoar o outro que precisa. 2) Graça (*charis*) — descreve um dom ou privilégio imerecido. O contribuir deve ser visto como um favor concedido por Deus. A palavra "dádiva" (*charis*) significa "um dom", um "presente". Por isso quem dá é mais bem-aventurado, mais abençoado e mais feliz (Atos 20:35). 3) Comunhão (*koinonia*), traduzido por "participarem" ou "partilharem". O ato de ofertar é partilhar com o outro os seus bens (2Coríntios 8:4). 4) Serviço (*diakonia*) indica que a oferta é um serviço prático, uma assistência, um ministério contínuo do cristão (2Coríntios 8:4; 9:1,12,13; Filipenses 4:14-20). 5) Liturgia (*leitourgia*) traduz a oferta como um ato de culto, um serviço em forma de adoração voluntária (2Coríntios 9:12; Filipenses 2:30).

Segundo, como a oferta deveria ser feita

Observe que os princípios que aparecem na coleta para a construção do tabernáculo e do templo de Salomão são os mesmos usados por Paulo.

1) **Oferta específica**: ... *coleta para os santos* (1Coríntios 16:1) indica que a oferta era específica, possuía um alvo definido. Era uma oferta temporária, intencional e com um propósito específico, assim como as ofertas do Antigo Testamento vistas anteriormente.
2) **Oferta como um mandamento de Deus**: *Como ordenei às igrejas da Galácia* (v. 1). Ordenei (*diatassô*) revela que o ofertar era um mandamento ou uma ordenança apostólica (1Coríntios 7:19; 9:14). Todo verdadeiro cristão é um ofertante generoso.
3) **Oferta sistemática**: *No primeiro dia da semana* (1Coríntios 16:2). A oferta seria sistemática, isto é, aos domingos. O primeiro dia da semana é o dia de culto. Logo, a oferta é um dos elementos do culto cristão. Todo culto dominical tinha ofertório.
4) **Oferta individual**: *Cada um de vós* (v. 2) revela a individualidade e a personalidade de cada ofertante. Deus quer a oferta de todos, independentemente do seu poder aquisitivo. A oferta elogiada por Jesus Cristo foi a de uma viúva pobre.
5) **Oferta preparada**: *Ponha de parte, em casa* (v. 2) exige do ofertante um trabalho preparatório que deveria separar o dinheiro em casa, antes de trazê-lo para a igreja. Eles jamais foram pressionados a dar de maneira rápida e impensada.
6) **Oferta de acordo com o que tinha**: *conforme a sua prosperidade* (v. 2) ou de acordo com o sucesso nos negócios particulares. Deus nunca pede aquilo que não temos. Sempre ele pede um pouco do muito que nos dá.
7) **Oferta que deveria ser administrada com zelo**: *e vá juntando, para que não se façam coletas quando eu for* (v. 2). Expressa o cuidado de Paulo em ordenar o levantamento do dinheiro, sem permitir que dúvidas sejam levantadas sobre o seu caráter (2Coríntios 2:17).

Após a análise desses três exemplos bíblicos de coletas (tabernáculo, templo e para os pobres), concluímos que os princípios que norteiam as ofertas específicas no Antigo Testamento são os mesmos do Novo Testamento. E podemos fazer algumas aplicações práticas sobre o assunto:

- **Ofertar a Deus é um ato de fé e obediência.** É um privilégio exclusivo do povo de Deus, tanto da antiga aliança como da nova aliança; tanto daqueles que viveram antes de Cristo como daqueles que vieram depois de Cristo. O incrédulo jamais entenderá isso e sempre criticará os que ofertam.
- **Ofertar a Deus é um ato de culto.** Adoramos a Deus com o que somos e temos. As nossas ofertas são "sacrifícios espirituais" ao Senhor. Todas as igrejas verdadeiras devem ter o ofertório como parte integrante de culto.
- **Pregar, ensinar e tirar ofertas na igreja não devem ser motivos de constrangimento para pastores e líderes.** Ensinar a Palavra ao povo de Deus é um dever e uma responsabilidade muito grande: *Prega a palavra, insta, quer seja oportuno, quer não, corrige, repreende, exorta com toda a longanimidade e doutrina. Pois haverá tempo em que não suportarão a sã doutrina; pelo contrário, cercar-se-ão de mestres segundo as suas próprias cobiças, como que sentindo coceira nos ouvidos; e se recusarão a dar ouvidos à verdade, entregando-se às fábulas* (2Timóteo 4:2-4).
- **Ofertar a Deus é um ato voluntário, espontâneo e liberal.** Oferte individualmente, conforme a sua prosperidade e de forma sistemática. Oferte com amor, alegria e generosidade para o progresso da obra de Deus. Fuja de qualquer igreja ou líder religioso que o pressione ou o constranja a dar dinheiro. Rejeite qualquer tipo de barganha de dinheiro por vãs esperanças.

CAPÍTULO 6

Jesus e os falsos líderes religiosos

Arival Dias Casemiro

Li uma história muito interessante com o seguinte título: "Como ser ético e trapaceiro ao mesmo tempo". Numa pequena cidade dos Estados Unidos, havia uma igreja bem tradicional e uma fábrica de cerveja. O pastor não poupava ataques à cervejaria em suas pregações. Por motivos pouco esclarecidos, a fábrica resolveu fazer uma doação de 150 mil dólares para a igreja, gerando um grande tumulto na cidade. Os membros mais conservadores denunciaram a referida oferta como um suborno satânico, que não poderia ser aceito. Passada a exaltação dos primeiros dias, acalmados os ânimos, os mais ponderados começaram a analisar os benefícios que aquele dinheiro poderia trazer às instalações da igreja e, consequentemente, para toda a comunidade, como a reforma do salão de festas, por exemplo. Reuniu-se, então, a igreja em assembleia para uma tomada de decisão. Depois de muita discussão, a proposta foi aceita, e registrou-se o seguinte no livro de atas: "Por maioria de votos, resolveu-se aceitar a doação de 150 mil dólares, feita pela cervejaria, na firme convicção de que o diabo ficará furioso quando souber que o seu dinheiro vai ser usado para a glória de Deus".

Essa história nos revela que a ética religiosa, algumas vezes, é muito frágil diante do poder sedutor do dinheiro. Mas, pior que isso, é a hipocrisia de tentar esconder o pecado da avareza com legalidade e piedade aparentes.

O povo de Deus sempre foi alvo dos falsos profetas e de suas falsas profecias (Jeremias 23:16-27), dos falsos mestres e dos seus falsos ensinos (1Timóteo 1:3-7), dos falsos cristos e dos seus falsos sinais e prodígios (Mateus 24:24), dos falsos apóstolos e dos falsos irmãos com suas falsas identidades espirituais (2Coríntios 11:13; Gálatas 2:4). A Bíblia nos garante três verdades sobre eles: 1) Eles existirão até a segunda vinda de Cristo, quando serão definitivamente julgados (Mateus 13:30,49). 2) Eles enganarão a muitos, exceto aos eleitos de Deus (Marcos 13:22). 3) Eles podem ser identificados e vencidos pelos verdadeiros crentes (Mateus 7:15-20; 1João 4:1,4).

Mateus é o evangelho dos discursos. E o capítulo 23 é o discurso que Jesus faz contra os líderes religiosos da sua época. É a última mensagem pública de Jesus. Ele falou às multidões e aos seus discípulos. E o principal propósito desse discurso é confrontar o falso líder espiritual e a sua prática religiosa.

O PERFIL DO FALSO LÍDER RELIGIOSO

A narrativa começa: *Então, falou Jesus às multidões e aos seus discípulos* (v. 1). Trata-se de um discurso coeso e ininterrupto proferido por Jesus. O seu propósito é denunciar publicamente os pecados praticados pelos fariseus:

- *Usurpam a autoridade espiritual.*

Na cadeira de Moisés, se assentaram os escribas e os fariseus (Mateus 23:2). Não há registro bíblico de que Deus tenha dado autoridade a esse grupo. Eles se assentaram, e não foram sentados. A origem dos fariseus vem desde Esdras, com a criação da sinagoga. Era um partido político-religioso, constituído por negociantes da classe média. Eles se consideravam mais santos que os outros pecadores (Lucas 15:1,2). A palavra "fariseu" vem de um termo hebraico que significa "separar".

Essa é uma das principais características dos falsos profetas. Deus os acusa, dizendo: *Não mandei esses profetas; todavia, eles foram correndo; não lhes falei a eles; contudo, profetizaram* (Jeremias 23:21). São profetas por conta própria. Eles não foram vocacionados nem enviados por Deus. Eles não ouviram Deus, contudo falam em nome de Deus.

Isso acontece hoje no Brasil. O sujeito se autointitula profeta, pastor, bispo ou apóstolo e abre uma "igreja". Passa a pregar e a ensinar as pessoas sem um chamado comprovado da parte de Deus. Há um movimento hoje, chamado "neoapostólico", que dá a alguns líderes espirituais o título de "apóstolo". A questão bíblica a ser levantada é: existem apóstolos hoje como os apóstolos do Novo Testamento? Não! Foi Jesus quem usou pela primeira vez o título de apóstolo, aplicando-o exclusivamente aos seus doze discípulos (Lucas 6:13) e, no mesmo sentido, a Paulo (Gálatas 1:1,2). O termo "apóstolo" como um "enviado" foi aplicado a evangelistas e missionários, mas nunca da mesma forma que aos Doze e a Paulo. Os pré-requisitos para ser um apóstolo de Jesus são: 1) Ter sido uma testemunha ocular da ressurreição de Cristo (Atos 1:21,22). 2) Ser escolhido e chamado pelo Senhor (Marcos 3:13-19). 3) Receber poder e autoridade para realizar milagres e prodígios (1Coríntios 12:9; 2Coríntios 12:12); 4) Poder para dar o Espírito Santo a quem não tinha (Atos 8:17; 19:6). 5) Inspiração do Espírito Santo para escrever as Escrituras e homologar escritos inspirados (João 14:16,17,26; 2Timóteo 3:14-17; 2Pedro 1:19-21; 3:2,15,16). O fechamento do cânon do Novo Testamento encerra a missão dos doze apóstolos. 6) Autoridade para definir e ensinar doutrinas. Os ensinos dos apóstolos junto com os dos profetas são os fundamentos da igreja (Atos 2:42; Efésios 2:20). 7) Os apóstolos foram colocados em primeiro lugar na igreja (1Coríntios 12:28; Efésios 4:11). Eles tinham autoridade para estabelecer a ordem nas igrejas, estabelecendo ofícios (presbíteros e diáconos).

Os pastores verdadeiros precisam de autoridade para ensinar e pregar a palavra de Deus; escolher, treinar e liderar pessoas; e confrontar os falsos ensinos. Onde o pastor consegue essa autoridade? No caso das igrejas reformadas ou históricas, a autoridade do pastor procede: 1) de Cristo, o supremo pastor (Mateus 28:18); 2) da vocação de Deus para o ministério, a qual é reconhecida pela igreja, onde ele é preparado, ordenado e empossado para exercer o seu ofício; 3) da sua semelhança com Cristo: caráter, atitudes e maneira de agir (vida exemplar); 4) da competência para realizar com excelência as tarefas ministeriais; 5) da pureza das suas motivações.

- *Não praticam o que ensinam.*

Jesus diz claramente: *Fazei e guardai, pois, tudo quanto eles vos disserem, porém não os imiteis nas suas obras; porque dizem e não fazem* (Mateus 23:3). Os fariseus eram extremamente zelosos em guardar os rituais externos, mas não obedeciam à lei interiormente. Eram legalistas, ritualistas e hipócritas. Eles falavam, mas não viviam o que ensinavam.

Em sua segunda carta, no capítulo 2, o apóstolo Pedro orienta a igreja a enfrentar os falsos mestres. Ele descreve a conduta desses impostores espirituais. Os falsos mestres eram carnais ou escravos dos desejos corruptos da carne (v. 10). Eles praticavam todo tipo de imoralidade sexual (Gênesis 19:5; Judas 6-8). Eram audazes e arrogantes, desprezavam e difamavam autoridades seculares e religiosas (1Pedro 2:11-17; veja também Hebreus 13:7,17); blasfemos, por serem irracionais e ignorantes da palavra de Deus (2Pedro 2:12); adúlteros e praticantes de orgias sexuais (v. 13,14); avarentos e comerciantes da fé — seguiam o exemplo de Balaão (v. 15,16); como fonte sem água e nuvem seca — não podiam oferecem nada de espiritual para satisfazer as pessoas (v. 17); falsos crentes, que pregavam falsos ensinos e ofereciam falsa liberdade (v. 18,19).

A vida do líder religioso é a sua principal carta de apresentação. Como identificar os falsos profetas? Pelos seus frutos os conhecemos. *Colhem-se, porventura, uvas dos espinheiros ou figos dos abrolhos? Assim, toda árvore boa produz bons frutos, porém a árvore má produz frutos maus. Não pode a árvore boa produzir frutos maus, nem a árvore má produzir frutos bons.* Toda árvore que não produz bom fruto é cortada e lançada ao fogo (Mateus 7:16-19). Toda a natureza se reproduz segundo a sua espécie. Esse princípio se aplica no mundo espiritual. A qualidade da árvore, boa ou ruim, determinará a qualidade do fruto. O critério é que se conhece a árvore pelo fruto ou as pessoas pela sua conduta. *Assim, pois, pelos seus frutos os conhecereis* (Mateus 7:20).

- *Não ensinam a Bíblia, mas oprimem o povo com ensinos humanos.*

Atam fardos pesados [e difíceis de carregar] *e os põem sobre os ombros dos homens; entretanto, eles mesmos nem com o dedo querem movê-los* (Mateus 23:4). Os crentes já tinham o Antigo Testamento para obedecer, mas os fariseus criaram centenas de mandamentos e tradições humanos para oprimir o povo. Eles não possuíam nenhuma sensibilidade espiritual. Eram legalistas e sempre procuravam tornar a religião mais pesada. Tudo ao contrário da graça de Jesus (Mateus 11:28-30).

Os falsos profetas enganam o povo substituindo a palavra de Deus pelas suas próprias ideias. *Tenho ouvido o que dizem aqueles profetas, proclamando mentiras em meu nome, dizendo: Sonhei, sonhei. Até quando sucederá isso no coração dos profetas que proclamam mentiras, que proclamam só o engano do próprio coração?* (Jeremias 23:25,26). Hoje, há muitas pessoas feridas e doentes, em nome de Deus. São as vítimas do abuso espiritual praticado por impostores e bandidos religiosos. O falso pastor é inescrupuloso com as suas vítimas. Ele seduz as pessoas com palavras de bajulação, falsas promessas e vãs esperanças. Faz comércio das pessoas, tirando-lhes não somente os bens, mas deixando-as falidas e desiludidas espiritualmente. É lobo em pele de ovelha.

Deus diz que a mensagem pregada pelos falsos profetas faz o povo se esquecer dele e da sua Palavra. Por isso, ele ordena: *O profeta que tem sonho conte-o apenas como sonho; mas aquele em quem está a minha palavra fale a minha palavra com verdade. Que tem a palha com o trigo? — diz o* Senhor. *Não é a minha palavra fogo, diz o* Senhor, *e martelo que esmiúça a penha?* (Jeremias 23:28,29). A "palha" não vivifica, não alimenta e não satisfaz. Somente a palavra de Deus regenera, nutre e liberta. Em Cristo, os mandamentos de Deus não são pesados.

- *Fazem tudo com o objetivo de serem exaltados pelos homens.*

Praticam, porém, todas as suas obras com o fim de serem vistos dos homens; pois alargam os seus filactérios e alongam as suas franjas. Amam o primeiro lugar nos banquetes e as primeiras cadeiras nas sinagogas, as saudações nas praças e o serem chamados mestres pelos homens (Mateus 23:5-7). Eles querem aparecer pelo que fazem, pela maneira de vestir, pela ocupação dos primeiros lugares nos eventos. Eles veneram as saudações públicas e são ávidos pelos títulos acadêmicos da religião.

Jesus alerta os seus discípulos sobre a obsessão por títulos humanos. Jesus proibiu os seus discípulos de usarem o título "rabino" (mestre) = "meu magnifico". *Vós, porém, não sereis chamados mestres, porque um só é vosso mestre, e vós todos sois irmãos* (Mateus 23:8). Jesus também disse que não devemos usar o título de "pai" com referência às coisas espirituais. *A ninguém sobre a terra chameis vosso pai; porque só um é vosso Pai, aquele que está nos céus* (Mateus 23:9). E o terceiro título proibido é o de "guia": *Nem sereis chamados guias, porque um só é vosso guia, o Cristo* (Mateus 23:10). O verdadeiro líder espiritual coloca o crente cada vez mais sob a direção de Cristo. Ele faz discípulos para Jesus, e não para si mesmo.

Jesus encerra a primeira parte do seu sermão, dizendo: *Mas o maior dentre vós será vosso servo. Quem a si mesmo se exaltar será humilhado; e quem a si mesmo se humilhar será exaltado* (Mateus 23:11,12).

Que exaltação mais gloriosa uma pessoa pode desejar? Ser exaltado por Deus por meio do serviço e da humildade (Provérbios 29:23; Lucas 14:11; Mateus 20:26,27).

JESUS CONDENA OS FALSOS LÍDERES RELIGIOSOS

Na segunda parte de Mateus 23, Jesus condena os fariseus. A palavra "ai" expressa sentimento de tristeza misturado com punição ou piedade com juízo. Uma série de oito "ais" proféticos foi proferida por Deus contra o seu povo, como maldições da aliança (Isaías 5:8-23; Habacuque 2:6-20). E a maldição de Jesus aqui se volta contra os falsos líderes espirituais. A palavra que Jesus mais usa em relação a eles é "hipócritas" (*hupokrites*). Significa "ator", alguém que desempenha um papel num palco. É aquela pessoa que alega ter um relacionamento com Deus, mas não tem, fingindo que tem. E o pior: tira proveito disso. Por isso Jesus é implacável com eles, chamando-os de lobos roubadores com peles de ovelhas (Mateus 7:15), hipócritas, serpentes e raça de víboras.

Primeiro, os falsos líderes são amaldiçoados porque impedem as pessoas de entrar no reino.

Ai de vós, escribas e fariseus, hipócritas, porque fechais o reino dos céus diante dos homens; pois vós não entrais, nem deixais entrar os que estão entrando! (Mateus 23:13). Os escribas e fariseus não entravam no reino de Deus e não deixavam ninguém entrar. Eles faziam tudo para impedir as pessoas de crerem em Cristo. Os falsos líderes agem assim hoje. Eles não se salvam nem pregam a salvação. Eles envolvem o povo com curas, benefícios materiais, unções, campanhas de vitória, mas as pessoas não se arrependem nem creem em Jesus Cristo. Eles estão excluídos do reino e não deixam ninguém entrar. São cegos guiando cegos (Romanos 2:17-24). Jesus, por outro lado, quer que os seus discípulos cumpram a Grande Comissão (Mateus 28:18-20).

Segundo, os falsos líderes são amaldiçoados porque exploram os mais fracos.

Ai de vós, escribas e fariseus, hipócritas, porque devorais as casas das viúvas e, para o justificar, fazeis longas orações; por isso, sofrereis juízo muito mais severo! (Mateus 23:14). A expressão *devorais as casas das viúvas* significa que eles conseguiam administrar as propriedades de muitas delas, explorando-as e tornando-as suas presas. Há uma maldição em Isaías 10:1,2, para quem comete isso; Deus é "juiz das viúvas" e dedica a elas um cuidado especial (Êxodo 22:22,23; Provérbios 15:25). Os fariseus disfarçavam suas más intenções com "longas orações". Por isso, eles receberão um grau mais alto de juízo: "mais severo".

Terceiro, os falsos líderes são amaldiçoados porque fazem prosélitos para si.

Ai de vós, escribas e fariseus, hipócritas, porque rodeais o mar e a terra para fazer um prosélito; e, uma vez feito, o tornais filho do inferno duas vezes mais do que vós! (Mateus 23:15). Os fariseus faziam um esforço elogiável para fazer prosélitos para o fariseísmo, e não para Deus. O objetivo deles não era a glória de Deus nem o bem das pessoas, mas o crédito pessoal de fazer prosélitos e tê-los como presas. Os prosélitos de fariseus eram duas vezes piores na lei cerimonial, no legalismo e na perseguição contra os cristãos (Atos 13:45; 17:5; 18:6; 26:11). Por isso, Jesus diz: *O tornais filho do inferno duas vezes mais do que vós!* (Mateus 23:15). Os hipócritas, embora se julguem filhos de Deus, são filhos do diabo ou filhos do inferno.

Quarto, os falsos líderes são amaldiçoados porque conduzem o povo ao erro espiritual.

Os fariseus são *guias cegos* (Mateus 23:24) que terão de responder pelo sangue de muitas almas. Para provar a cegueira deles, Jesus mostra que eles faziam juramentos tolos. Eles faziam diferença de juramentos: jurar pelo santuário não era obrigatório, mas pelo ouro do santuário, sim. Jesus mostra a tolice dessa diferença (v. 17-19). Jesus corrige o engano, dizendo: *Portanto, quem jurar pelo altar jura por ele e por tudo o que sobre ele está. Quem jurar pelo santuário jura por ele e por aquele que nele habita; e quem jurar pelo céu jura pelo trono de Deus e por aquele que no trono está sentado* (v. 20-22). O objetivo do verdadeiro juramento é expressar algo em nome do Senhor. Juramentos são declarações solenes que invocam Deus como testemunha das declarações e promessas feitas, pedindo a Deus que puna qualquer falsidade (Esdras 10:5; Neemias 5:12; 2Coríntios 1:23; Hebreus 6:13-17). Todo cristão deve falar a verdade e honrar a palavra dada (Êxodo 20:16; Mateus 5:37). Os fariseus levavam o povo a jurar por coisas que lhes dessem lucro e ganho pessoal.

Quinto, os falsos líderes são amaldiçoados porque valorizam as coisas menores e desprezam as mais importantes da lei.

Os fariseus eram rígidos e exigentes nos detalhes da lei e relaxados nas questões mais importantes: *Ai de vós, escribas e fariseus, hipócritas, porque dais o dízimo da hortelã, do endro e do cominho e tendes negligenciado os preceitos mais importantes da lei: a justiça, a misericórdia e a fé; devíeis, porém, fazer estas coisas, sem omitir aquelas! Guias cegos, que coais o mosquito e engolis o camelo!* (Mateus 23:23,24). Eles se preocupavam em consagrar o dízimo das mínimas sementes (Levítico 27:30; Deuteronômio 14:22), mas desprezavam a prática da justiça, da misericórdia e da fé (Salmos 15; Miqueias 6:8). Jesus diz que eles deveriam continuar dando o dízimo, mas que fizessem também o mais importante da lei: a justiça, a misericórdia e a fé. O mosquito era o menor e o camelo era o maior dos animais impuros.

Sexto, os falsos líderes são amaldiçoados porque combatem o pecado exteriormente, e não no interior.

Jesus diz: *Ai de vós, escribas e fariseus, hipócritas, porque limpais o exterior do copo e do prato, mas estes, por dentro, estão cheios de rapina e intemperança! Fariseu cego, limpa primeiro o interior do copo, para que também o seu exterior fique limpo!* (Mateus 23:25,26). O que contamina o homem não é o que entra ou que está do lado de fora, mas o que procede do seu coração corrupto (Mateus 15:17-20). Primeiro é necessário limpar o coração (Salmos 51:10).

Sétimo, os falsos líderes são amaldiçoados porque são fingidos espiritualmente.

Jesus compara os fariseus aos sepulcros caiados. Externamente são bonitos, caiados de branco bem claro, passando a imagem de pureza. *Ai de vós, escribas e fariseus, hipócritas, porque sois semelhantes aos sepulcros caiados, que, por fora, se mostram belos, mas interiormente estão cheios de ossos de mortos e de toda imundícia! Assim também vós exteriormente pareceis justos aos homens, mas, por dentro, estais cheios de hipocrisia e de iniquidade* (Mateus 23:27,28). O problema é que, quando você abre o sepulcro, tem contato com a sua impureza e podridão.

Oitavo, os falsos líderes são amaldiçoados porque perseguem os servos de Deus.

Os escribas e fariseus fingiam honrar os profetas, adornando os seus sepulcros e dizendo: *Se tivéssemos vivido nos dias de nossos pais, não teríamos sido seus cúmplices no sangue dos profetas!* (Mateus 23:30). Com isso, eles mesmo reconhecem o pecado dos seus antepassados. Estêvão, o primeiro mártir do cristianismo, é duro e direto: *... assim como fizeram os vossos pais, também vós o fazeis* (Atos 7:51). Jesus passa a condená-los de forma clara, mostrando que a medida do pecado deles tinha enchido:

> *Serpentes, raça de víboras! Como escapareis da condenação do inferno? Por isso, eis que eu vos envio profetas, sábios e escribas. A uns matareis e crucificareis; a outros açoitareis nas vossas sinagogas e perseguireis de cidade em cidade; para que sobre vós recaia todo o sangue*

justo derramado sobre a terra, desde o sangue do justo Abel até ao sangue de Zacarias, filho de Baraquias, a quem matastes entre o santuário e o altar (Mateus 23:33-35).

Jesus envia embaixadores e missionários aos judeus, mas os fariseus irão açoitá-los, persegui-los, matá-los e crucificá-los (Atos 13:46; 14:9; 17:13; Romanos 15:31).

Jesus conclui dizendo algo muito sério: *Em verdade vos digo que todas estas coisas hão de vir sobre a presente geração* (Mateus 23:36). Todo o castigo divino pelo sangue derramado dos justos no passado (de Abel a Zacarias) viria sobre aquela geração. A invasão dos romanos a Jerusalém, no ano 70 d.C., foi algo terrível.

Concluindo, fica claro que os falsos líderes religiosos têm Deus como adversário.

> *Portanto, eis que eu sou contra esses profetas, diz o* SENHOR, *que furtam as minhas palavras, cada um ao seu companheiro. Eis que eu sou contra esses profetas, diz o* SENHOR, *que pregam a sua própria palavra e afirmam: Ele disse. Eis que eu sou contra os que profetizam sonhos mentirosos, diz o* SENHOR, *e os contam, e com as suas mentiras e leviandades fazem errar o meu povo; pois eu não os enviei, nem lhes dei ordem; e também proveito nenhum trouxeram a este povo, diz o* SENHOR. (Jeremias 23:30-32)

Deus é contra os falsos líderes porque são mentirosos e levianos. O ensino deles é inútil do ponto de vista espiritual. O fim deles é trágico e terrível.

Sua opinião é importante para nós.
Por gentileza, envie-nos seus comentários pelo e-mail:

editorial@hagnos.com.br

Visite nosso site:

www.hagnos.com.br